FRAGEN DES WINDES

INTERROGANTES DEL VIENTO

Poemas - Gedichte

von - de

María Nancy Sánchez Pérez

María Nancy Sánchez Pérez

INTERROGANTES DEL VIENTO

FRAGEN DES WINDES

Gedichte -   Poemas

**Hrsg.; Layout und
Covergestaltung:**   J. Polinske
Redaktion: J. und M. Polinske
Übersetzer: Cornelia Seebak
                            Juan Andres Bernhardt
                            Sophie Buss

**Illustrationen / Pinturas
einschl. Cover (Suri Sicuri):** Eddy Sánchez Pérez
Seiten: 11, 172, 173, 227, 231   Maria Nancy Sánchez Pérez

Herstellung und Verlag: BoD - Books on Demand
                            Norderstedt
ISBN: 9-783752-824629

Querida Nancy

Gracias de corazón por tu gracia, alegría y llanto que con dulzura dejaron brotar
Primaveras floridas e inolvidables
al compartir contigo la "**Sagrada Vida**".
Que tu tiempo se convierta en una estrella con luz propia del firmamento.
Que tus dias y noches de gloria engalanen orgullo con humildad.
Donde la bondad del Universo colme de bendiciones
tu vida y culmines a feliz realización tu destino.

Con amor tu hermano
Héctor Sánchez Pérez

Liebe Nancy

Danke von Herzen für deine Gnade, Freude und Tränen,
die sanft blütenreiche Frühlinge sprießen ließen,
als ich mit dir das **Heilige Leben** teilte.
Möge deine Zeit zu einem Stern werden mit eigenen Himmelslicht.
Mögen deine herrlichen Tage und Nächte Stolz mit Demut schmücken
und die Güte des Universums dein Leben mit Segen erfüllen,
und mögest du die Verwirklichung deines Schicksals glücklich krönen.

Mit Liebe dein Bruder
Héctor Sánchez Pérez

En agradecimiento
profundo al amor incondicional
de mi amada familia y mis amigos

In tiefer Dankbarkeit
für die bedingungslose Unterstützung
durch
meine liebe Familie und meine Freunde

CONTENIDO / INHALT

Entrelazados

Vorwort
von Jürgen Polinske

Maria Nancy Sánchez Pérez holt die Anden an den Prenzlauer Berg, nach Kreuzberg, bringt Berlin und Bolivien zusammen. Sie übt den Spagat zwischen alter und neuer Welt, möchte in beiden heimisch sein und mit einem Fuß stets auf der Erde bleiben. Nur nicht den Kontakt zu Mutter Erde – Pachamama - verlieren. Wenn sie also von *heißer Schokolade in dieser Winterkälte* spricht, schmecke ich die Erotik herben Hochlandkakaos in märkischer Vollmilch, den innigen Kuss zweier Güter, zweier sinnlicher Götter in diesem Getränk. Die zwei Welten in ihr, treiben sie um. Sie sucht sie zu einen. Sie weiß genau wo sie steht, lebt in der Realität der Menschen ihrer Heimat und auch mit den Gegebenheiten einer Zugewanderten in Berlin, kennt nur noch nicht das Ende der Reise.

Werden wir eines Tages zum Altiplano zurückkehren?
Oder werden wir fortfahren zu warten – auf was?

Du zwischen den Gitterstäben des Zoologischen Gartens,
und ich in diesem arroganten Theater Berlin?

Das DU ist ein Alpaka und sie entschuldigt sich bei ihm, getreu der Gepflogenheiten, Gebote und Traditionen ihrer Kindheit, ihrer Jugend, denn ihr Schal ist aus *Baby-Alpaka.* Tiere, Pflanzen, Dinge des täglichen Lebens, selbst Götter und Sterne des Andenhimmels besuchen sie in Berlin.

Huayra[1] tanzt nach dem Klang von TINKU,
... bis er sich sternenhaft begibt,
zum Karneval der Kulturen von Berlin.

---

[1] Huayra Tata = Vater Wind

Nancy gibt uns ihre Seele preis, bebildert ihre Sorgen und die Furcht über Folgen von Umweltsünden, Mitleid und Zuneigung zu entrechteten Menschen und selbst zu geringsten Wesen.

Sie spart keineswegs kleine Glücksmomente und vor allem die Liebe nicht aus, wärmt uns damit. Liebe ist ihr Schlüssel zur Poesie und der für ihr Leben:

Ich weiß nur,
dass mir an deiner Seite die Sonne fehlt ...
und in der Nacht die Geheimnisse ...
deiner schlüssellosen Hingabe

Überhaupt ist Maria Nancy voller Sinnlichkeit, metaphernstark und sehr kreativ, wagt Ungewöhnliches bis hin zu Paradoxien.

Alles, aber auch alles, was sie hört, sieht, spürt und schmeckt, Ihr Verhältnis zur Natur, der Rückgriff auf Langbewährtes ihrer Heimat zusammen mit Wissen und Können der westlichen Welt ist für Maria Nancy Anlass, Motiv, wandelt sie in Wortgerüste, um philosophisches und ganzheitliches Gedankengut zusammen mit ihren Werte- und Kulturvorstellungen zum Ausdruck zu bringen, zu stützen.

María Nancy Sánchez Pérez ist Tänzerin mit Leib und Seele, choreographiert ihre Worte wie ihr Körper lebendige Bilder reflecktiert und tanzt durch die Sprache.

l

Prefacio

Maria Nancy Sánchez Pérez trae los Andes a Prenzlauer Berg, Kreuzberg; reúne Berlin con Bolivia. Busca construir un puente entre el viejo y el nuevo mundo. Quiere sentirse siempre en casa en los dos mundos, dejando siempre los dos pies sobre la tierra. Nunca pierde el contacto con la "Madre Naturaleza la Pachamama". Cuando escribe sobre el **chocolate caliente** en **el frío invernal** de Europa nos incita a saborear el erotismo del chocolate caliente, es como si fuera el beso íntimo de dos bienes preciosos, de dos Dioses sensuales. Los dos mundos en ella la inquietan, le interpelan le cuestionan, busca unificarlos. Y en cada estación de su vida es consciente donde se encuentra, y sueña a veces en la realidad de los seres humanos de su tierra natal. Todavía no conoce el fin de su viaje.

¿Volveremos algún día al Altiplano?
¿O seguiremos esperando que?

Ella entre las rejas del Jardín de los Animales.
Y yo en el Teatro arrogante de Berlín?

Ella es una alpaca, y Nancy le pide disculpas por usar la lana de Bebe Alpaca de su mantilla. Animales, plantas cosas de la vida cotidiana, hasta los Dioses y las estrellas del firmamento andino a veces la visitan en Berlin.

Huayra baila al son del TINKU,
...
Hasta trasladarse en astral,
al Carnaval de las Culturas de Berlín

Nancy nos revela su alma, retrata sus preocupaciones y su angustia por las consecuencias de nuestras transgresiones medioambientales, su afecto por la humanidad, sus derechos elementales, hasta y amar a seres insignificantes. Más allá de hacernos sentir las fantasías, penurias y melancolías, en Bolivia, Berlin y en tantos otros lugares del mundo.

Nancy no excluye los momentos intensos de felicidad, alegría, diversión y sobre todo del amor.

Con su franco amor nos da calor humano, a nosotros y a ella misma. El amor es la llave para la inspiración de su poesía y la guía de su vida.

No sé si identificarme,
como tu ama de llaves, ...
Solo sé que a tu lado,
me hace falta tomar sol,
caminar entre los árboles.
... Y por la noche escribir los secretos
de tu entrega sin llaves.

María Nancy usa en su poesía metáforas con audacia, seguridad, sensualidad. Es muy creativa y le gusta descubrir lo inusual a veces hasta llegar a la expresión paradójica.

Todo, pero todo lo que Nancy escucha,ve,huele, gusta y palpa es motivo y ocasión de estructurar sus sensaciones con palabras sobre el papel, expresa un apoyo ideario filosófico con su visión de valores. Se relaciona con respeto a la naturaleza y recurre también a tradiciones de su tierra natal unidos a los conocimientos y experiencias del mundo occidental. Así Nancy va formando la esencia de sus poemas.

María Nancy Sánchez Pérez es bailarina y cuando danza. Danza con cuerpo y alma. Cuando escribe poesía coreografía también a sus versos lleno de imágenes vivas que lleva a la reflexión. Ella danza a través del Lenguaje.

El Pastorcito

SENTENCIA

Yo me pregunto,
Si aquel color del atardecer
¿Viene de los pétalos del sol?

Me pregunto,
Si la piel del mar,
¿Viene de aquel atardecer
Que no volverá?

Yo me respondo,
Si aquella colorida tarde de estrellas de mar,
Viene como sentencia de amarte.

URTEILSSPRUCH

Ich frage mich,
ob diese Farben in der Abenddämmerung
Blütenblätter der Sonne sind?

Ich frage mich,
ob die Haut des Meeres
von dieser Abendröte kommt,
die nicht zurückkehrt?

Ich antworte mir, diese farbige Meeresdämmerung
kommt wie ein Urteil dich zu lieben.

MARAVILLOSO JARDIN

Solos con el canto de los pájaros
tú y yo en el jardín,
dos sombras en una,
dos enredaderas entrelazadas,
bajo la lluvia.

Nos mojamos apretaditos,
contemplábamos el jardín con éxtasis.
¡Parecía un paraíso sobre las nubes!

Manantiales resbalaban en nuestras nervaduras.
Nuestras ramas frescas de ternura copulaban.

Respirábamos el perfume de la tierra mojada.
Truenos, relámpagos con el aguacero del amor.

Nuestras hojas verdes eran batidas por el viento.
Tratando de separarnos del goteo interminable
¡Qué manera de aniquilarnos!

Cuando el fuego es agua resbaladiza.
Y nuestro vientre un maravilloso jardín.

HERRLICHER GARTEN

Allein, mit dem Gesang der Vögel,
du und ich im Garten,
zwei Schatten in einem,
zwei verflochtene Schlingpflanzen unter dem Regen.

Wir benetzten uns verlangend
und betrachteten den Garten in Extase.
Über den Wolken schien das Paradies!

Quellen glitten auf unseren Nervenbahnen,
unsere frischen Zweige der Zärtlichkeit paarten sich.

Wir atmeten den Geruch der feuchten Erde.
Blitze, Donner, mit dem Regenguss der Liebe.

Unsere grünen Blätter zauste der Wind,
der versuchte, uns vom unendlichen Tropfen zu trennen.
Welche Art, uns zu vernichten!

Wenn das Feuer schmelzendes Wasser wird
und unser Leib ein herrlicher Garten.

SOLEMNE VISITA

Alguien golpeó insistente.
Mi puerta,
abrí pero no había nadie.

Sentí sin embargo que alguien,
entró a mi habitación.
Se sentó en mi sillón,
parecía que me miraba fijamente.

No había nadie,
nadie me habló,
nadie me preguntó.
El Nadie estaba presente.

Escuché un susurro cálido.
¡Qué eco profundo, se hundía!
en las paredes de mi alma.
¡Era la voz de la condena!
¡Qué eco implacable de las campanas!

Salía de las cinco esquinas,
un aroma de palo santo.
que me consolaba cariñosamente,
recordándome los viernes santos de la Virgen del Socavon.

Qué temblor irremplazable de mi palpitar.
Cuando esta presencia mágica, magnética y solemne
salió de mi sala de estar
cerrando la puerta suavemente.

FEIERLICHER BESUCH

Jemand klopfte nachdrücklich
an meine Tür,
ich öffnete, aber niemand war da.

Trotzdem war mir,
als betrete jemand mein Zimmer,
setzte sich in meinen Sessel
und schien mich unverwandt anzusehen.

Es gab niemanden,
niemand sprach mit mir,
niemand fragte mich.
Der Niemand war anwesend.

Ich hörte ein warmes Gemurmel.
Welch tiefes Echo versank!
in die Mauern meiner Seele.
Es war die Stimme der Verurteilung!
Welch unerbittliches Echo der Glocken!

Es kam aus fünf Ecken
ein Geruch von heiligem Holz,
der mich zärtlich tröstete,
an den Heiligen Freitag erinnerte und die Jungfrau von Socavon.

Welch unersetzliches Beben meines Herzens,
als diese magische, magnetische und feierliche Präsenz,
sanft die Tür schließend,
mein Wohnzimmer verließ.

CAMBIOS INESPERADOS

El árbol de cerezas
Tenía las cerezas maduras.
Estaban en su estación preferida.

Sin explicación cayó nieve.
Los frutos desconcertados,
se abrazaban contra el frío prematuro.
Congelándose sin reparo hasta la pepa.

En este cambio atrevido de estación,
volvió la primavera.
Descongelando la carnosidad,
caían las pepas a la tierra estrepitosamente.
Dejando un eco en el espacio inesperado.

UNERWARTETE WANDLUNGEN

Der Kirschbaum
trug reife Früchte
genau zur vorgesehenen Zeit.

Unerwartet fiel Schnee.
Die verwirrten Kirschen
umarmten sich gegen die plötzliche Kälte.
und froren doch bis zum Kern.

Im Wandel der Jahreszeiten
kehrte der Frühling zurück
das Fruchtfleisch schmolz
und die Kerne fielen geräuschvoll auf die Erde,
hinterließen ein Echo im Raum des Unerwarteten.

SUEÑO EGIPCIO

De tanto abrazar y acariciar,
estatuas bien moldeadas,
me cansé de sus frívolas exigencias.

Ahora contemplo enamorada,
a un hombre sin dientes,
cabello blanco, pero rizado.
Arrugado como surcos de patatas.

¡Cuando me mira!
Sus ojos se encienden de brillo,
su sonrisa es fascinante,
en mi peor tristeza me da ternura.

Los encantos de la vida,
están en lo más simple , lo más pobre,
y lo menos deseado, pero lo más amado.

ÄGYPTISCHER TRAUM

So viele Umarmungen und Zärtlichkeiten,
wohlgeformte Statuen,
wie bin ich ihrer frivolen Ansprüche müde.

Verliebt betrachte ich nun
einen Mann ohne Zähne,
das weiße Haar kraus,
faltig wie eine verschrumpelte Kartoffel.

Wenn er mich ansieht!
Seine Augen erstrahlen im Glanz,
sein Lächeln überwältigt mich,
im tiefsten Trübsinn gibt er mir Zärtlichkeit.

Die Zauber des Lebens
sind im Einfachsten, Armseligsten
und am wenigsten Ersehnten, doch am meisten Geliebten.

Palliri

SOMBRAS QUE CONSUMEN

¿Por qué me quedé diluida
en el hueco invisible de tu sombra?

¿Por qué convulsiona mi cuerpo
cuando inventas escondidos gemidos?

¿Por qué esculpen mi silueta tus sombras
y te espero vestida de errante desnuda?

¿Por qué soy sombra de tus penumbras?

Ojalá que tus cautivantes asombros
no sean sombras que me consuman.

SCHATTEN, DIE MICH VERZEHREN

Warum blieb ich aufgelöst
im unsichtbaren Hohlraum deines Schattens?

Warum zuckt mein Körper in Konvulsionen,
wenn du verborgenes Stöhnen erfindest?

Warum meißeln deine Schatten meine Silhouette?
Und warum erwarte ich dich als umherirrende Nacktheit
gekleidet?

Warum bin ich der Schatten deiner Dunkelheit?

Hoffentlich ist dein fesselnder erstaunender Schatten
nicht ein Schatten, der mich verzehrt.

INFIERNO DE OZONO

En el camino de sorpresas,
encontré una anciana,
sentada en un muro caído.

Estaba tan arrugada,
como el bandoneón viejo de mi abuela.
Era de cabello blanco como mil páginas,
sonreía sabiamente, infundiendo confianza.

En su silencio de arena,
medía al tiempo,
entre los reciclajes de basura moderna.

Su pensamiento de años de luz disminuía
a los residuos de la profundidad.

Para los surcos de su piel,
ya no tenían valor las palabras existenciales.

Los escombros de su pasado,
brillan como piedras preciosas en anillos de diamantes.
Eran parsimoniosos sus movimientos huracanados.

Anciana del camino de sorpresas,
eres la Pachamama,
Madre de la Tierra ovalada.
¡En hondo afán de renovación limpias el Planeta!
¿Antes que los gatos en celo lloren,
y los perros ladren al ver nuestras sombras de muertes?

Sentada en el muro senil,
esperas triste nuestra despedida.
¡Eres de una belleza indescifrable!

Aún algunas almas no sean culpables de destruirte.
Sentada intentas consolarte con el infierno del Ozono del Sol.

OZONHÖLLE

Auf dem Weg des Unerwarteten
saß eine alte Frau,
auf einer verfallenen Mauer.

Sie war so faltig
wie das Bandoneon meiner Großmutter.
Die Haare weiß wie Tausend Seiten
lächelte sie weise, Vertrauen einflößend.

Zwischen recyceltem neuzeitlichen Müll
maß sie die Zeit
mit verrinnendem Sand.

Vom Zug des Lebens vor ihrem inneren Auge
blieben nur Überreste vom Abgrund..

Ihre existentiellen Worte
haben vor ihren Falten jeden Sinn verloren.

Die Trümmer ihrer Vergangenheit
leuchten wie kostbare Steine an Diamantringen.
Ihre Bewegungen sind umsichtig doch stürmisch.

Alte Frau vom Weg des Unerwarteten,
du bist Pachamama,
die elliptische Mutter Erde
In tiefstem Erneuerungsdrang räumst du den Planeten auf!
Bevor die rolligen Katzen heulen
und die Hunde bellen, wenn sie unsere Todesschatten sehen?

Auf der alten Mauer sitzt du
und erwartest traurig unseren Abschied.
Du bist von unbegreiflicher Schönheit!

Noch sind nur einige Seelen nicht Schuld an deiner Zerstörung.
Sitzend versuchst du, dich mit der Ozonhölle der Sonne zu
trösten.

UNIVERSO QUE BESA

Como una hormiga negra,
salté la frustración de la creación
derribando muros incautos,
alcancé paisajes lejanos tatuados a mis antenas.

Como me ahogo en metáforas,
que huelen a flores y hierbas cautivantes.

El firmamento resuella a nocturno,
el frío escarchado en mi ventana
las estrellas están paralelas a mis deseos,
la llovizna cubre mi rostro.

El cielo está teñido,
con mi sangre de poeta.

Pese a la tormentosa tempestad,
el avión no se detiene

Frente al vacío el Universo me besa...
Y soy la sombra de la reina hormiga,
invisible a mis sueños y alcances.

KÜSSENDES UNIVERSUM

Wie eine schwarze Ameise
kam die Enttäuschung der Schöpfung,
unbedacht Mauern einreißend,
erreichte ich weit entfernte Landschaften,
die meine Antennen zeichneten.

Wie ich in Metaphern ertrinke,
die nach gefangenen Blumen und Kräuter duften.

Das Firmament haucht in die Nacht,
die Kälte überzieht mein Fenster,
die Sterne sind Parallelen meiner Wünsche.
Nieselregen bedeckt mein Gesicht.

Aus meinem Poetenblut
ist der Himmel gewebt.

Trotz wütenden Sturms
hält das Flugzeug nicht an.

Vor der Leere küsst mich das Universum...
Ich bin der Schatten der Ameisenkönigin,
meinen Träumen und Erlangtem unsichtbar.

Sembrando

QUE FÁCIL

Mientras más difícil tenerte,
es más fácil amarte.
Amor diabólicamente deseado.

WIE EINFACH

Je schwieriger es ist, dich zu halten,
desto einfacher, dich zu lieben.
Der Teufelskreis der begehrten Liebe.

MAGIA SALVAJE

La peor venganza,
es borrarnos de nuestro sabor a tierra.
Destruirnos como meteóros en fuga del arte.

Matar la memoria,
queriendo olvidar lo imposible.
Es huir en la nave de las estrellas misteriosas,
que brillan impertinentes por los besos ausentes.

¿Para qué buscar la luz del ocaso?
Si la verdad venenosa,
llega con la magia salvaje de presentimientos.

Ay...cenizas de amores despilfarrados
¡Rojas espinas de fuego con huellas de piel amada!
Nos apagan quemando el ardor de la vida.

WILDE MAGIE

Die schlechteste Rache,
den Geschmack von Erde auszuradieren,
uns zu vernichten, wie Meteore die Flucht in die Kunst.

Erinnerung zu töten,
vergessen zu wollen, unmöglich.
Sie flieht auf einem Schiff geheimnisvoller Sterne,
die unverschämt flimmern für fehlende Küsse.

Warum suchen wir den Sonnenuntergang?
Ja, die giftige Wahrheit
kommt mit der wilden Magie von Ahnungen.

Ach ... die Eschen der Liebenden vergeudet
an rote Feuerdornen mit Spuren auf liebender Haut.
Wir gehen, brennender Eifer des Lebens.

nachgedichtet: J.Polinske

FLORES DEL DESIERTO

¿Volveremos a estar juntos
después de morir?
Bajo la tierra?
En el aire?
O bajo el mar?

Como abono, coral o semillas
nos encontraremos de nuevo en otra opción?
Seremos el germen de la tierra en flor?

Nuestras almas gritan al infinito
el miedo de morir como carne florida.
No todas las flores mueren en un florero.

La tierra reconocerá nuestros estambres
en los pétalos ausentes,
en las arenas movedizas florecerán nuestros besos.

Esa insistencia de dicha perdida
nos traerá de nuevo a la vida.
Aunque la muerte nos vomite separados,
floreceremos juntos en el desierto.

WÜSTENBLUMEN

Werden wir wieder zusammen sein
nach dem Tod?
Unter der Erde?
In der Luft?
Oder tief im Meer?

Werden wir uns als Dung, Korallen oder Samen
erneut begegnen, unter anderen Vorzeichen?
Werden wir der Keim der Erde in Blüte sein?

Unsere Seelen schreien in die Unendlichkeit
die Angst, wie blühendes Fleisch zu sterben.
Nicht alle Blumen enden in einer Vase.

Die Erde wird unsere Blütenstaubgefäße
in den abwesenden Blütenblättern wiedererkennen,
im Treibsand werden unsere Küsse blühen.

Dieses Beharren auf verlorenes Glück
wird uns das Leben aufs Neue bringen.
Obwohl uns der Tod getrennt ausspuckt,
werden wir in der Wüste gemeinsam blühen.

DE VIENTO A VIENTO

Era un atardecer intensivo,
cuando mi madre
tejía un pulóver de alpaca
para el invierno.

Me contaba que recién nacida
me ponía en mi lugar preferido,
cerca de la ventana abierta,
para recibir la brisa del viento,
que regocijada sonreía de felicidad.

Cuando tenía cinco años,
mi madre me llevaba
a la punta de la montaña.
Para que ella hable con el viento,
y yo grité de sublimación.

Con los años mozos,
caminaba emocionada,
contra el susurro del viento.

Ya mujer, el viento
me revelaba la armonía callada
de los astros apasionados.
Y cuando soplaba el huracán
Las bestias desamparadas lloraban su suerte.

Así de viento a viento
mi vida se envolverá de polvo,
sobre mi nicho vacío.

VON WIND ZU WIND

Es war ein starker Sonnenuntergang,
als meine Mutter,
einen Pullover aus Alpaka
für den Winter strickte.

Sie erzählte mir,
dass ich als Neugeborenes
meinen Lieblingsplatz
am offenen Fenster hatte,
um den frischen Wind zu spüren,
den ich lächelnd vor Glück empfing.

Als ich fünf Jahre alt war,
brachte mich meine Mutter
auf den Gipfel der Berge,
um mit dem Wind zu sprechen,
und ich schrie vor Begeisterung.

In den Mädchenjahren
wanderte ich bewegt
gegen das Raunen des Windes.

Schon Frau, offenbarte der Wind mir
die stille Harmonie
der leidenschaftlichen Sterne.
Und wenn der Hurrikan tobt,
beweinen die verzweifelten Bestien ihr Schicksal.

So verwandelt sich mein Leben
von Wind zu Wind in Staub,
über meinem leeren Grab.

ACEQUIA

Eres la sequía de mis caprichos,
y todavía quisiera ser arco iris,
de tu sedienta agonía.

Tus perturbadas sequedades,
se sacían en la ribera de mi acequia.

Gota a gota estoy en la sequedad,
prófuga en tu sed me diluyo,
soy agua clara entre tus manos.

BEWÄSSERUNGSGRABEN

Du bist die Dürre meiner Launen,
und doch wäre ich gern der Regenbogen
deiner durstigen Agonie.

Deine verwirrenden Trockenheiten
trinken sich satt am Ufer meiner Wassergräben.

Tropfen für Tropfen bin ich in der Dürre,
entfliehe und löse in deinem Durst mich auf,
bin klares Wasser in deinen Händen.

CHOCOLATE CALIENTE

¡Qué sabroso con o sin crema!
Te quiero como a mi chocolate caliente,
en esta tarde de nieve.

Mi lengua juguetona
quiere saborear el resto de crema
que quedó en tus labios
al tomar el chocolate caliente,
en este frío de invierno.

HEISSE SCHOKOLADE

Wie köstlich, mit oder ohne Sahne!
Ich liebe dich wie meine heiße Schokolade,
an diesem verschneiten Nachmittag.

Meine verspielte Zunge
möchte den Rest Sahne schmecken,
der von der heißen Schokolade
an deinen Lippen blieb,
in dieser Winterkälte.

DOS CAMINOS

Qué fuerza tan extraña,
¿Qué me abren surcos sudorosos, inflamados?
Y cruzo las ciudades de mariposas de color,
¿En dos caminos?

Continúo por el conocido mudo,
y me revuelco en el desconocido, sonoro.

Ambos a dos caminantes se encuentran,
y me sorprenden quieta respirando
los susurros del destino.

En estos caminos de viaje.
Oigo en mi alma la senda del regreso,
el eco de los pasos del camino.

Que me llaman en su voz ronca y sonora.
En su voz muda y lejana.

ZWEI WEGE

Welch fremde Kraft,
öffnet mir Furchen voller Schweiß , entflammt?
Und ich kreuze die Städte der bunten Schmetterlinge
auf zwei Wegen?

Ich setze das bekannte Stumme fort
und drehe mich im klingenden Unbekannten.
Beide Wege treffen auf zwei Wanderer,
und mich überrascht still atmend
das Raunen des Schicksals.

Auf diesen Wanderwegen
höre ich den Pfad der Rückkehr in meiner Seele,
das Echo der Schritte vom Weg.

Wie sie mich mit ihrer rauen und tönenden Stimme rufen.
Mit ihrer stummen, weit entfernten Stimme.

TRIGOS ESPARCIADOS

La vida me guiñó de un ojo tierno,
y del otro ojo de la vida cayó una lágrima.

Cada día abro mi corazón en contra del suicidio,
quiero escalar con ojos abiertos,
los misterios del viento.

Para no pensar en la melancolía de la montaña,
lloro y recojo los trigos esparcidos,
que derramó la boca del enigma.

Es que mi alma se enciende de humildes rosas
y mis ojos enamorados mutilan mis palabras.

Tengo ganas de llegar a la vida con plena vida.

VERSTREUTER WEIZEN

Das Leben zwinkerte mir mit einem zärtlichen Auge zu,
und aus dem anderen Auge fiel eine Träne.

Jeden Tag öffnet sich mein Herz gegen den Suizid,
ich möchte mit offenen Augen
die Mysterien des Windes erklimmen.

Um nicht an die Melancholie der Berge zu denken,
weine ich und sammle den zerstreuten Weizen wieder ein,
der aus dem Mund des Rätsels gefallen war.

Es ist, als würde sich meine Seele an bescheidenen Rosen
entzünden,
und meine verliebten Augen verstümmeln meine Worte.

Ich habe Lust, einfach mit dem Leben im Leben anzukommen.

ALTURA DE CÓNDOR

Desde la altura,
del vuelo del Cóndor,
las montañas del Ande,
parecen protuberancias
de senos en erección.

DIE HÖHE DES KONDOR

Aus der Höhe
des Kondorflugs
scheinen die Berge der Anden
Vorwölbungen zu sein
aufgerichteter Busen.

Mito gestante

CORAZÓN DE POETA

Homenaje a los poetas:
Heinz Kahlau alemán y
Héctor Bordaleaño boliviano

Aprendí,
de los poetas,
a beber de los rayos del sol,
buscar las sombras de la luz.

Aprendí,
de los poetas,
a contemplar el medio cósmico,
hasta morir como fuego sin explicaciones.

Aprendí,
a velar la noche sin luna.
Y caminar del brazo con la bohemia.
Hasta ser el llanto de la razón.

Aprendí del juego de las palabras,
rasgar momentos escritos,
botar a la basura palabras sobrantes.

¿Cómo abundan los poetas que no dicen nada?
En la inculpable digna poesía.

Aprendí a crear un nuevo mundo.
En torpes latidos saciarme de profundidades.
Desahogarme del vacío en ritmo eterno.

Aprendí a manchar mi verso en comas y puntos,
con el desangre de mi dolor.
Mi verso sangra desde adentro.
En el paso de mis zapatos desgastados.

Aprendí a ser la confirmación de mis venas.

Rindo homenaje a mis colegas,
ofreciéndoles todo mi polen.
A los poetas encontrados putrefactos,
comidos en el festín de la soledad.

Poesía eres un sofisticado lujo,
¡en esta época del absurdo!
Tiempos de tortura digital.

DICHTERHERZ

Hommage an die Dichter:
Heinz Kahlau Deutschland und
Hector Bordaleaño Bolivien

Ich lernte
von den Dichtern,
die Sonnenstrahlen zu trinken,
die Schatten des Lichts zu suchen.

Ich lernte
von den Dichtern,
über das Geheimnis des Universums nachzudenken,
bis ich ohne Erklärung wie Feuer erlösche.

Ich lernte,
in mondloser Nacht zu wachen
und am Arm der Bohème zu wandeln,
bis ich zum Weinen der Vernunft wurde.

Ich lernte aus Wortspielen
geschriebene Momente herauszukitzeln,
überflüssige Wörter auf den Müll zu werfen.
Wie viele Dichter gibt es,
die nichts sagen?
in der unschuldigen würdevollen Dichtung.

Ich lernte, eine neue Welt zu schaffen,
im ungeschickten Pochen an Tiefgründigkeit zu sättigen,
mich von der Leere in ewigem Rhythmus zu entlasten.

Ich lernte, meine Verse mit Punkten und Kommas zu beflecken,
mit dem Ausbluten meiner Schmerzen.
Meine Verse bluten von Innen
im Schritt meiner abgetragenen Schuhe.

Ich lernte, die Bestätigung meiner Venen zu sein.

Ich erweise meinen Kollegen eine Hommage,
bringe Ihnen all meinen Blütenstaub dar.
Diejenigen Dichter, die man verwest auffindet,
aufgezehrt vom Gelage der Einsamkeit.

Dichtung, du bist ein ausgefeilter Luxus
in diesem Zeitalter des Absurden!
Diesen Zeiten digitaler Folter!

JUEGOS DEL SOL

La luna llena de amor.
Buscando en sus juegos al sol.
¡Cayó del infinito!

Por sobrevivir enamorada,
se colgó de una tierna rama,
del árbol triste del viento.

La luna también llora,
por volver más allá del cielo.
Por volver cerca del sol.

Es infinita su tristeza,
¡Contemplar a los vivos de la tierra!
Desde este agachado y pasajero Huracán.

SONNENSPIELE

Der Vollmond voll von Liebe,
in seinen Spielen die Sonne suchend,
fiel aus dem Unendlichen!

Um verliebt zu überleben
hängte er sich an einen zarten Zweig
am Baum des traurigen Windes.

Auch der Mond weint,
will über den Himmel hinauskommen,
will in die Nähe der Sonne zurück.

Unendlich ist seine Trauer,
beim Betrachten der Wesen dieser Erde!
Niedergeschlagen vom vorübergehenden Wirbelsturm.

SILBIDO DE HAMBRE

Del cielo destrenzado
viene el canto de los pájaros.

Debajo de la canalización,
viene la inquietud de las madres ratas
cuando sus hijos gritan de hambre.

DAS PFEIFEN DES HUNGERS

Vom entflochtenen Himmel
kommt der Gesang der Vögel.

Aus der Kanalisation
dringt die Unruhe der Rattenmütter,
wenn ihre Kinder vor Hunger schreien.

CAUTIVERIO

El león enjaulado
va sin cansancio
de izquierda a derecha,
de derecha a izquierda.

Tratando de perdonar
las verdaderas calamidades
del hombre que lo enjauló.

De los hombres que pagan por mirarle.

DER GEFANGENE

Der Löwe im Käfig
läuft ohne Unterlass
von links nach rechts,
von rechts nach links.

Er versucht,
die Qualen zu vergeben,
dem Menschen, der ihn einsperrte

und denen, die zahlen um ihn anzustarren.

AROMAS DE AMOR

Cuando nuestras inquietudes
escudriñaban
la erosión de los latidos.
Sentimos celos hasta de las sombras

Entonces la magia nos empapa de lluvia.
Indefensos en nuestros interrumpidos silencios,
Chorreamos gotas de aromas de amor.

Y jugamos como niños indefensos
las contorsiones del arte en el placer.

LIEBESDÜFTE

Als unsere Erregungen
die Erosion
unseres Herzschlags erforschten,
fühlten wir Eifersucht sogar auf die Schatten.

Dann tränkte die Magie uns mit Regen.
Ausgeliefert unserem unterbrochenem Schweigen
träufeln wir Tropfen von Liebesduft.

Und wir spielen wie wehrlose Kinder
die Verrenkungen der Liebe im Genuss.

LÍQUIDO VITAL

¿Qué murmullo,
traen nuestras aguas violentadas?
¡Nuestras aguas detenidas!
¿Qué melodía de ríos,
nos detienen en lagunas maquiavélicas?

¿Cuándo nos arrullamos
en el tumultuoso murmullo,
de las olas mareadas,
que se ocultan del ombligo del sol?

¿Dónde llegarán nuestras aguas ciegas?
En busca de las cascadas tranquilas,
para entrar en el líquido de la muerte.

LEBENDIGER FLUSS

Welches Rauschen
tragen unsere Wasser, die Gewalt erlitten?
Unsere stehengebliebenen Wasser?
Welche Melodien der Flüsse
halten uns in heimtückischen Lagunen fest?

Wann lassen wir uns wiegen
im tobenden Rauschen
der seekranken Wellen,
die sich vor dem Nabel der Sonne verbergen?

Wohin führen unsere blinden Wasser
auf der Suche nach den ruhigen Kaskaden,
um in den Fluss des Todes einzutreten?

INSPIRACIÓN

Escribí en noches de sangre,
mis versos del alma,
desvestida de pétalos nocturnos.

¡Qué inspiración loca!
¿Será que de noche?
Se enmela en mi vértigo fantasmal ?

¡Qué musa que no me abandona!
Bebe mi sangre en desvelos,
se regocija en mis tristes dolores.

Y en el día succiona mis sueños,
tras la sombra de mis poemas.

INSPIRATION

Ich schrieb in Nächten des Blutes
meine Verse der Seele
entkleidet von nächtlichen Blütenblättern.

Welch irrsinnige Inspiration!
Kam sie aus der Nacht?
Gekittet an meinen fantastischen Rausch?

Welche Muse, die mich nicht verlässt!
Sie trinkt mein Blut in Schlaflosigkeit,
sie erquickt sich an meinen traurigen Schmerzen.

Und am Tag saugt sie meine Träume aus,
im Schatten meiner Gedichte.

Coca y Tejido a mano

ELISABETH HACKEL

Poeta berlineza

La poeta
que conocí en mi lectura
tenía el cabello plateado,
como la nieve.
El rostro de barro de arcilla.

Escuchaba mi poesía,
Cerrando sus ojos a la realidad,
Parecía que viajaba sin límites de fantasía.

En la mano tenía una copa de vino rojo.
Navegaba en las cadencias de mis heridas,
como si estuviera en el oasis de su sangre.

La poeta
de cabello plateado,
y el rostro de barro de arcilla.
Cerraba sus ojos contra la rima del mundo.

Esta vieja poeta,
era el verso abierto a la vida,
sumergida de vino en las soledades indeseables.

Coincidía con el escondite del alma purificada,
en el poema inacabado,
que todavía no había escrito.

ELISABETH HACKEL

Die Dichterin,
die ich in meiner Lesung sah,
hatte weiße Haare,
weiß wie Schnee,
ein Gesicht wie aus Lehm.

Sie lauschte meiner Dichtung
und verschloss die Augen vor der Realität.
Sie schien grenzenlos in der Phantasie zu reisen.

Sie hielt ein Glas Rotwein in der Hand
und segelte im Rhythmus meiner Wunden,
als wären sie eine Oase des Blutes.

Die Dichterin
mit den weißen Haaren
und dem Gesicht wie aus Lehm
schloss die Augen vor dem Reim der Welt.

Diese alte Dichterin
war der offene Vers des Lebens,
überflutet vom Wein ungewollter Einsamkeit,
im Einklang mit dem Versteck der gereinigten Seele
im unvollendeten Gedicht,
das sie noch nicht geschrieben hatte.

ROMÁNTICA TERRAZA

¡Es tan hermosa!
¿La terraza de la espera?

Se puede mirar nuevos horizontes,
cada punta de montaña nos pertenece,

El mar ya no nos marea en sus mareas.
El viento nos conmueve en su llanto maduro.

¡Qué terraza más austera!
La espera recopila nuestra historia,
en esta terraza hay una isla con los espíritus,
de nuestros seres queridos realizados.

Todo gira en silencios de ceniza,
en silencio de humo gira todo.

Al pie de la terraza con niebla,
hay un permanente arco iris,
que nos señala el momento de partir,

Un barco a vela nos esperará frente al mar.
Un último poema
cantará y llorará en nuestra despedida el ruiseñor.

ROMANTISCHE TERRASSE

Sie ist so schön!
Die Terrasse des Erwartens?

Man kann neue Horizonte sehen,
jede Bergspitze gehört zu uns.

Das Meer macht uns nicht mehr seekrank mit seinen Gezeiten.
Der Wind berührt uns mit seinem reifen Klagen.

Welch höchst karge Terrasse!
Das Warten schreibt unsere Geschichte zusammen,
auf dieser Terrasse gibt es eine Geisterinsel
unserer geliebten verwirklichten Wesen.

Alles kreist im Schweigen aus Asche,
dreht sich im schweigenden Rauch.

Am Fuß der Terrasse im Nebel
gibt es einen ständigen Regenbogen,
der uns den Moment des Fortgehens anzeigt.

Ein Segelschiff erwartet uns am Meer,
ein letztes Gedicht,
die Nachtigall wird um uns weinen,
singen zu unserem Abschied.

CASCADAS

Me miro en la laguna del sol,
perforada por sequías,
frente al destino, me observo.

Germen que entreabre mi entraña
en ausencias presentes.
Me reflejo en la rosa del viento.

Colgada de un péndulo, hilo sedoso
donde mis cabellos son cascadas de amor.
Amando sin poder ser amada.

KASKADEN

Ich sehe mich in der Sonnenlagune,
durchlöchert von Dürre,
beobachte mich angesichts des Schicksals.

Mein Innerstes keimt auf
von gegenwärtigen Abwesenheiten.
Ich spiegele mich in der Windrose.
hänge am seidenen Faden des Pendels,
wo meine Haare Kaskaden der Liebe sind,
liebend, ohne geliebt werden zu können.

SIN TIEMPO

Salieron del pozo,
de la decepción, la depresión y la terapia.

Se encontraron en el pozo del consumo,
con los zapatos gastados.

Con dulzura acariciada,
se desnudaron,
y se amaron sin reparos.

Entrelazados les encontraron,
muertos de eternidad.

ZEITLOS

Sie kamen aus dem Brunnen
der Enttäuschung, der Depression und der Therapie.

Sie trafen sich im Brunnen des Konsums,
mit abgenutzten Schuhen.

Mit gestreichelter Zärtlichkeit,
entkleideten sie sich
und liebten sich vorbehaltlos.

Ineinander verflochten fand man sie,
als Tote der Ewigkeit.

VIGILIA

Cada aflicción,
me conlleva,
al consuelo de los bosques.

Cruzo sin palabras,
el silencio de mis almas muertas,
y es más intenso su perdón.

Son desamparadas mis lágrimas,
paso a paso rompo los muros
de cristales sin ecos.

Regreso confundida a vivir,
las piruetas de los vivos.

Me fricciono la cabeza,
sin ninguna ofensa.
Me inclino al murmullo del tiempo.

Y regreso a la vigilia,
prometida de los muertos.

WACHE

Jede Bedrängnis
führt mich
zum Trost durch die Wälder.

Ich segle ohne Worte,
im Schweigen meiner toten Seelen,
und ihr Verzeihen ist absolut.

Vergeblich sind meine Tränen,
nach und nach zerbreche ich die Mauern
aus Glas ohne Widerhall.

Ich kehre verwirrt zurück,
die Pirouetten der Lebendigen zu leben.

Ich reibe mir den Kopf
ohne Harm
beuge ich mich dem Raunen der Zeit.

Und kehre ins Wachen zurück
als Totenbraut.

NEGRITO AFRICANO REGALÓN

Las aguas del río corren,
anunciando la muerte,
del negrito chiquitín,
travieso que cruza las eternidades.
Con sus abuelos los esclavos de África.

La mamá de trencitas y pollera,
llora en la esquina del carbón.
El negrito regalón ya no llora de sed.

Las velas encendidas velaban
el sueño de resurrección del relumbre.

Ay ... negrito regalón,
¿cómo te fuiste a jugar,
en la bandada de gorriones libres?
Aquí la cajita blanca de remiendos,
lleva tu sonaja de semillas secas.

Dios mío el negrito regalón
está quieto como pintado de hollín,
su micifuz se revuelca en los harapos,
de la pobre realidad.
Negrito eres la mezcla de la noche triste,
con la tarde que aspira ser oscuridad.

Blanco pincel que contiene tu reluciente alma.
Pinta tus tripitas apretadas de hambre.

Negrito regalón allá superarás a los súper soles,
desconfiando los bajos sueldos de tus padres.

Ahora te llevas el sabor a café fresco
molido por la abuela Dolores
lluvia de café de los yungas de Nigeria,
derretida en la nieve del Illimani.

Negrito juguetón, de piel de terciopelo.
Moriste por la pobreza de las alturas,
desde esta altura tus ojos coquetones,
se derraman en las estrellas nocturnas.
Que caen a la cenicienta hoyada de La Paz.

GELIEBTER KLEINER AFRIKANER

Die Wasser des Flusses fließen,
verkünden den Tod
des kleinen schwarzen frechen Jungen,
der nun mit seinen Großeltern, den Sklaven aus Afrika,
die Ewigkeiten durchquert.

Die Mutter im Pollera und mit Zöpfen
weint in der Kohlenecke.
Der kleine schwarze Junge weint nicht mehr vor Durst.

Die brennenden Kerzen bewachen
den Traum von der Auferstehung im Glanz.

Ach ... geliebter kleiner Schwarzer,
wie konntest Du mit dem Schwarm
der freien Sperlinge spielen?
Das weiße Kästchen hier aus Flicken
enthält deine Rassel aus trockenen Samen.

Mein Gott, der geliebte kleine Schwarze
ist still und wie mit Ruß gemalt,
seine Katze wälzt sich in den Lumpen
der armen Realität.
Kleiner Schwarzer, du bist die Mischung trauriger Nacht
mit dem Abend, der nach der Dunkelheit trachtet.

Ein weißer Pinsel, mit reiner Seele ,
malt deine vom Hunger bedrängten Eingeweide.

Geliebter kleiner Schwarzer, weit wirst du die Supersonnen
übersteigen,
dem kärglichen Einkommen deiner Eltern zum Trotz.

Jetzt bringst du den Geschmack von frischem Kaffee,
wie von deiner Großmutter Dolores gemahlen,
den Kaffeeregen der Yungas von Nigeria,
geschmolzen im Schnee des Illimani.

Verspielter kleiner Schwarzer mit der samtigen Haut,
du starbst vor Armut in den Höhen.
Von diesen wandern deine schönen Augen
zu den nächtlichen Sternen,
die auf Aschenputtel in den Untiefen von La Paz fallen.

DESTINO INMORTAL

Cuando el destino,
no está definido,
golpea otra vez nuestra puerta,
hasta ser escuchado, llega...

¡En tiempo de lúgubre bostezo!
¿El destino con su latido carnicero?

Cuando le abrí la puerta,
entró elegantemente vestido,
de interrogantes con navajas afiladas.

Me encontré frente a frente,
con mi destino, destinado a curar las heridas,
me abracé tierna y silenciosamente a su morada.

Mi destino estornudó con alegría,
como quejándose de su destino mayor.

Los pájaros todavía estaban en sus nidos,
la brisa traía perfumes de lejos,
la neblina arrastraba nubes pasajeras.

Los recuerdos de mi pasado
abren las puertas del mar,
plenitud de montañas elevadas,
¡Destino mío! Déjame huir de ti,
y terminar mis sueños descalzos.

Sin decir nada mi destino mortal,
en un golpe de viento misterioso se alejó,
cerró la puerta abierta sin ruido y sin razón.

UNSTERBLICHES SCHICKSAL

Wenn das Schicksal
unbestimmt ist,
schlägt es wieder an unsere Tür,
bis es gehört wird, eintritt...

In Zeiten schrecklichen Gähnens!
Das Schicksal mit dem Pochen eines Metzgers?

Als ich ihm die Tür öffnete,
trat es elegant gekleidet ein,
fragend und mit scharfen Messern.

Es traf mich Stirn an Stirn,
mein Schicksal, bestimmt die Wunden zu heilen.
Es umarmte mich zärtlich und still in seiner Behausung.

Mein Schicksal nieste vor Freude,
als ob es sich über sein älteres Schicksal beschwerte.

Die Vögel waren noch in den Nestern,
der Wind trug Düfte von weit her,
der Nebel zog die flüchtigen Wolken fort.

Meine alten Erinnerungen
öffnen die Pforten zum Meer,
die Fülle von hohen Bergen.
Schicksal mein! Lass mich vor dir fliehen
und meine barfüßigen Träume enden.

Ohne ein Wort entfernte sich mein sterbliches Schicksal
in einer mysteriösen Windbö,
schlug geräuschlos und ohne Grund die offene Tür zu.

CÉLULAS VIVAS

¡Es tan corto el viaje de la vida prestada
que nos regresa al etéreo como aire, barro, humo!

¿Será donde la nieve se derrite?
¿Será donde el sol nos desintegre?
¿Ó será donde las aves nos coman sin remedio?
¡De qué sirve después de todo!

¡Solo me acongoja que renacerán!
Nuestras células vivas que dejamos del amor
por cada pensamiento realizado.

Entonces las piedras antes o después reventarán.
En nuestra memoria humana.

LEBENDIGE ZELLEN

So kurz ist die Reise dieses geborgten Lebens!
Ob wir als Äther wie Luft, Lehm, Rauch zurückkehren?

Werden wir wie der Schnee schmelzen?
Wird die Sonne uns zersetzen?
Werden die Vögel uns ohne Rettung auffressen?
Wozu soll dies nach all dem gut sein!

Mich bedrückt nur, dass sie wiedergeboren werden!
Unsere lebenden Zellen, die wir mit der Liebe
bei jedem verwirklichten Gedanken zurückließen.
Dann werden die Steine früher oder später
in unserer menschlichen Erinnerung zerbersten.

CONTIGO

¿Por qué estando con él,
me sentía tan sola?

¡Estando conmigo a solas.
Me siento tan bien!

¡Sin ti peor,
tan mejor conmigo!

MIT DIR

Warum fühlte ich mich so einsam,
mit ihm zusammen?

Mit mir allein,
fühle ich mich so gut!

Mit dir schlechter,
so viel besser nur mit mir!

ÁRBOLES SIN CULPA

Los árboles se desnudan,
en la estación de Invierno.

Los seres humanos,
nacemos desnudos,
en cualquier estación.

Los hombres tienen,
el goce de vivir todas
las estaciones del año.

Todos tenemos el derecho,
de regresar a la Tierra,
desnudos de materia.

Al lado de árboles sin culpa.

UNSCHULDIGE BÄUME

Die Bäume entlauben sich
im Winter.
Menschen
werden nackt geboren
zu jeder Jahreszeit
.

Alle Menschen
haben Lust zu leben,
in jeder Jahreszeit

Alle haben das Recht,
nackt, ohne allen Besitz
zur Erde zurückzukehren.

An der Seite unschuldiger Bäume.

NIDO

En la noche buena
te visité en tu cálido nido.

Acaricié con amor,
tu frágil pico
de tu regazo piador.

¡Los trinos nostálgicos!...
Me enturbié en tus agudas pajas,
abordé tu florido jardín.

Un suplicio de gemidos
rebelaban la magia de las hierbas.

Los cabellos de tu nido,
me enredaron sin salida
a tu dulce hogar.

Nido que me abrigó de la interperie ,
en la noche más fría,
¡Qué Noche más buena verdad?
Si todas las noches serían maravillosas!

NEST

Am schönsten Abend
besuchte ich dich in deinem warmen Nest.

Streichelte voll Liebe
deinen zarten Schnabel
deinem barmherzigen Schoß.

Die nostalgischen Triller! ...
Ich stach mich an deinem stachligen Stroh,
umkreiste deinen blühenden Garten.

Die Marter des Stöhnens
gebar die Magie der Gräser.

Das Haar in deinem Nest
zog mich ausweglos an deinen süßen Ort.

Ein Nest, das mich vor Frost bewahrte ,
in der kältesten Nacht.
Welche schönste aller Nächte ?
Wären doch alle Nächte so herrlich !

PULSACIONES

Cuando me pregunto,
en el momento incierto,

¿Para qué mi cuerpo palpita?
Me llega la hora indicada.

Los latidos de mi corazón
son más intensos.

La sangre como ríos ciegos,
corren esparciéndose en el océano de mis venas.

Es tan traicionero mi hondo sentimiento.
Que se ahoga mi verdad sin pulsaciones.

PULSSCHLAG

Wenn ich mich
im ungewissen Moment frage,

warum pulsiert mein Körper?
Dann naht die angekündigte Stunde

Mein Herzschlag
wird stärker.

Das Blut fließt wie blinde Ströme,
die sich aus dem Ozean meiner Venen speisen.

Wie trügerisch sind meine tiefen Gefühle,
die meine Wahrheit ohne Pulsschlag ertränken.

PÉTALOS DE ATARDECER

Te conocí en ese instante pasajero.
Cuando las nubes ardían,
como pétalos del atardecer.

Bajo la luna llena,
los castañitos silenciosos,
dejaban caer sus semillas con eco.

Tu mano me rozó mágicamente,
instante que me traicionó mi piel.

Desflorándome en el humedecido rocío.

BLÜTENBLÄTTER DER DÄMMERUNG

Ich erkannte dich in diesem flüchtigen Moment,
als die Wolken in der Dämmerung
wie Blütenblätter brannten.

Unter dem vollen Mond
ließen die stillen Kastanien
geräuschvoll ihre Samen fallen.

Deine Hände streiften mich magisch,
meine Haut verriet mich in dem Moment,

als ich mich im feuchten Tau verlor.

MIEDZYZDROJE

Me convertí en una sirena,
besada por las algas.

Me vestí de espumas del mar,
y me envolví de sueños, túnicas, sedas.

Los encajes de nubes
cubrían mis escamas.

Era una sirena cautiva del mar,
viajando en un barco pirata de Miedzyzdroje.

Sirena con sed de fuego.
Movida por las olas,
movida por el canto de las gaviotas,
movida por la música del vientre del mar.

MIEDZYZDROJE

Ich verwandelte mich in eine Meerjungfrau,
von den Algen geküsst.

Ich kleidete mich in Meeresschaum,
und hüllte mich in Träume, Gewänder, Seide.

Die Wolken aus Spitze
bedeckten meine Schuppen.

Ich war eine vom Meer gefangene Meerjungfrau
und reiste im Piratenschiff von Miedzyzdroje.

Eine Meerjungfrau mit Durst nach Feuer,
bewegt von den Wellen,
bewegt vom Geschrei der Möwen,
bewegt von Musik aus dem Meeresleib.

VESTIDA DE VARIAS CAPAS

Al verla desgreñada,
a esta cebolla,
la cogí con resignación,
pensando que estaba decepcionada.

La despelé suavemente,
y mientras más la despelaba,
me hacía llorar más.

Tocándola estudiaba la contextura
de sus variadas pieles,
ay... su cuerpo,
blanco, violeta frágil
¡tan ingenua virginal!
¡Qué poder tienen las cebollas,
para hacer llorar sin parar?

La piqué en pequeñitos,
y la comí en una gustosa ensalada.

Mi estómago agradecida,
Me decía también
¡qué cebolla despeinada y atrevida!

Es como la muerte inmortal,
nos eleva en aire en gases inolvidables.

GEHÜLLT IN MEHRERE SCHICHTEN

Als ich diese Zwiebel
so zerfranst sah,
nahm ich sie
und dachte, resigniert,
sie wäre verdorben.

Ich schälte sie sanft,
und je mehr ich sie schälte,
desto mehr brachte sie mich zum Weinen.

Beim Berühren untersuchte ich die Textur
ihrer verschiedenen Häute.
Ach..., ihr Leib,
weiß, violett, fragil.
Welch kindliche Reinheit!
Welche Macht ,
uns ununterbrochen zum Weinen zu bringen?

Ich schnitt sie in Stückchen
und aß sie in einem schmackhaften Salat.

Mein Magen dankte es
und sagte mir ,
diese zerzauste und kecke Zwiebel

Sie ist der unsterbliche Tod,
erhebt uns in die Luft mit unvergesslichen Gasen.

SOLITARIO JARDÍN

Aquel del jardín,
no era nadie,
vivía en el jardín abandonado.
Abandonado por los jardineros.

Se cubría de cartones sin palabras.
Todas sus pertenencias eran bolsas de papel.

Aquel que silbaba y cantaba con el viento.
Junto al respirar de las hojas.

Aquel pobre hombre, escribia sus quimeras
se bañaba en el lago encantado
del jardín de los sapos cantores.

Aquel hombre, jugaban con la muerte
era un poeta pobre,
de aquel jardín sin puertas.

Aquel era el jardín de la musa del poeta solitario del Mundo.

EINSAMER GARTEN

Jener aus dem verlassenen Garten
war ein Niemand,
er lebte darin,
von allen Gärtnern verlassen.

Er bedeckte sich mit Pappen ohne Wörter,
all seine Habseligkeiten waren Paoiertüten.

Jener pfiff und sang mit dem Wind,
atmete mit den Blättern.

Jener arme Mensch verschrieb sich seinen Chimären
badete im verwunschenen See
im Garten der singenden Frösche.

Jener Mann spielte mit dem Tod
war ein armer Poet
in diesem Garten ohne Pforten.

Es war der Garten der Muse des einsamen Dichters der Welt.

IMPOSIBLE CELESTE

Oh...qué cielo,
parece aburrido en el infinito.

Cuando se mira,
con ojos humanos.

Con ojos celestiales,
el cielo es un imposible celeste.

UNMÖGLICHES HIMMELBLAU

Oh..., was für ein Himmel,
langweilig im Unendlichen,

sieht man ihn
mit menschlichen Augen.

Mit himmlischem Blick
ist er ein unmögliches Blau.

Del pecho a la espalda

MELÓN DE GALIA

Vino a mi desesperado,
como queriendo atacarme,
tratando de alcanzar,
el melón de Galia.
La fruta del verano.
Que había comprado.

Era un conejo de ciudad,
un conejo agresivo,
que me inquirió penetrante.

Corrí asustada,
a ocultarme tras,
un tacho de basura.
Me persiguió inquirioso.
¡Yo no tenía ninguna zanahoria!
Entré rápidamente al departamento.

Me di cuenta que fui perversa,
con ese conejo café jaspeado de bosque,
ojos oscuros y ajenos de rosas.

Después de unas horas,
en mi calma,
al cenar las verduras horneadas,
me vino vómitos a mi abundancia.

El conejo tenía hambre,
¡Solo hambre!
Y yo estaba comiendo,
el melón de Galia que me pedía...

HONIGMELONE

Es sah mich verzweifelt an,
als ob es mich angreifen wollte,
und versuchte, an die Melone
heranzukommen,
die Frucht des Sommers,
die ich gekauft hatte.

Es war ein Stadtkaninchen,
ein aggressives Kaninchen,
das mich durchdringend musterte.

Ich lief erschrocken weg,
mich hinter was,
einem Müllkübel zu verbergen.
Aufdringlich folgte es mir.
Ich hatte keine Mohrrübe!
Hastig betrat ich meine Wohnung.

Ich bemerkte, wie gemein ich war
zu diesem braun gesprenkelten Kaninchen aus dem Wald,
mit den dunklen und hungrigen Augen.

Nach einigen Stunden der Ruhe,
beim Verzehren von gebackenem Gemüse
wurde mir schlecht in meinem Überfluss.

Das Kaninchen hatte Hunger,
einfach nur Hunger!
Und ich war dabei,
die Melone zu essen, die es verlangte.

VACÍO OSCURO

La fiel amiga de la luz,
me oscurecen los ojos,
cuando me ataca monstruosa, insistente.

Me oculta de todo lo demás,
dejándome parpadear las ruínas del sudor,
secándome en un quejido abrupto,
amortajando mis pupilas en llanto.

¿De dónde viene esta oscuridad?
¿Del amor inmenso quizás?
¿Quizás de ser acogida en la oscuridad?
¿Quizás de la luz bendita que juega con su sombra?

Entre dicha y desesperación
es la oscuridad que me hunde,
en el vacío más absurdo de mis ojos.
Vacío sensible, seductor y sensual.

DUNKLE LEERE

Treue Freundin des Lichts,
verdunkelt mir die Augen,
Wenn mich das Monströse nachdrücklich angreift.

Sie verbirgt mich vor allem Anderen,
lässt mir nur das Flimmern der Ruinen des Schweißes,
trocknet mich ab mit einem heftigen Seufzer,
meine Pupillen mit Tränen verhüllend.

Woher kommt diese Dunkelheit?
Vielleicht von der unermesslichen Liebe?
Vielleicht von der schützenden Dunkelheit?
Vielleicht vom geweihten Licht, das mit seinem Schatten spielt?.

Freude oder Verzweiflung?
Es ist die Dunkelheit, die mich untergehen lässt,
in der widersinnigsten Leere meiner Augen.,
eine empfindsame, verführerische und sinnliche Leere.

DESAFÍO

Por casualidad me encontré,
en el jardín de los besos,
y besé... besé viajando,
con todos mis sentidos.

Le besé con tanto desafío,
que por comprimir mi aire,
mi beso se fulminó sin florecer.

¿Cómo puedo medir mis besos,
a través de burbujas reventadas?

HERAUSFORDERUNG

Zufällig fand ich mich
im Garten der Küsse,
und ich küsste..., küsste beim Wandern
mit all meinen Sinnen

Ich küsste ihn mit so viel Leidenschaft,
dass mir die Luft wegblieb,
und mein Kuss starb ohne zu erblühen,

Wie kann ich meine Küsse bemessen,
anhand geplatzter Blasen von Luft?

CELO ENJUGADO

Dormimos en el Hotel Refugio,
separados de los deseos sonámbulos.
Próximos, empapados de jugos venenosos.

Cada uno en su habitación
compartida por el celo.

EINGESPIELTE EIFERSUCHT

Wir schlafen im Hotel Refugium,
getrennt von schlafwandlerischem Begehren.

Nah beieinander, getränkt mit giftigen Säften,
ein jeder in seiner Behausung,
vereint durch Eifersucht.

QUÉ MOTOR!

Más allá de este planeta
el aire se hace un misterio.

¿Y empezamos quiénes somos?
¿Qué hacemos aquí?
¿Para qué tanta lucha?

¿Tenemos que cruzar un océano
entre nubes, ríos y cielo infinito?

¿Qué nos mueve por dentro?
Somos como una máquina perfecta.

Qué comemos, dormimos, soñamos y respiramos,
¿Qué llanto en el fracaso?
¡Qué euforia en el éxito!

Mientras más hondo caemos,
más rápido nos levantamos.

¿Cuánto tiempo nos acompañará
este motor que llevamos dentro?
¿Para gozar las bondades de este planeta?

WELCHER MOTOR?

Jenseits von diesem Planeten
macht die Luft sich zum Mysterium.

Und wir beginnen wer zu sein?
Was machen wir hier?
Wozu so viele Kämpfe?

Müssen wir einen Ozean durchqueren,
zwischen Wolken, Flüssen und dem unendlichen Himmel?

Was bewegt uns im Innersten?
Wir sind eine perfekte Maschine.

Wie essen, schlafen, träumen und atmen wir,
welche Klagen im Scheitern?
Welche Euphorie im Erfolg!

Je tiefer wir fallen,
desto schneller erheben wir uns.

Wie lange begleitet uns der Motor,
den wir in uns tragen?
Um diesen gütigen Planeten auszukosten?

ÚNICO HILO

Estoy caminando por un hilo,
y en cada paso me pregunto,
si voy hacia adelante,
o hacia atrás.

Mientras el hilo del destino,
se va debilitando,
se va envejeciendo.

Mi deseo profundo,
es proseguir en este frágil hilo.

Estoy cabalgándome feliz,
 en este espacio infinito,
donde solo en el hilo,
me mantengo respirando.

Este bendito y maldito hilo,
está tejido por la sabía de mi saliva.

¿Cómo ser la acróbata perfecta?
Quiero danzar sin quebrar mis pies.

Deseo continuar caminando,
sin debilitar este único hilo blanco?

Pido al Universo bendito,
que pueda darme siempre pasos
tranquilos, equilibrados, seguros.

¡Amo este filigrana de calvarios apasionados!

EINZIGER FADEN

Ich geh an einem Faden
und frag mich bei jedem Schritt,
ob ich vorwärts gehe
oder zurück.

Während der Schicksalsfaden
schwächer wird
und stetig älter.

Es ist mein tiefer Wunsch,
weiter diesem dünnen Faden zu folgen.

Als Reiterin bin ich glücklich
in diesem unendlichen Raum,
worin allein dieser Faden
mich weiter atmen lässt.

Der geheiligte und verfluchte Faden,
gesponnen aus meinem Speichel.

Wie kann ich die vollkommene Akrobatin sein?
Ich möchte tanzen, ohne mir den Fuß zu brechen.

Ich möchte weiter wandern,
ohne den einzigen weißen Faden zu schwächen.

Ich bitte das unendliche Universum
für immer um gelassene
und sichere Schritte im Gleichgewicht.

Wie ich diesen stürmischen Leidensweg am seidenen Faden
liebe!

PALETA DE LA VIDA

Te admiraste de mi camisa,
encendida y transparente.

Y tu... ¡estás de color fucsia!
Te contesté
¡Estamos de colores!
En la sucesión de luz y sombra.

Siempre fuí de color canela,
y tú también eres de color marrón.

Y cuando tomamos café con leche,
necesitamos un poco de canela en polvo,
así grabamos nuestros tonos en perspectiva.

Inundadas de luz somos dos siluetas en uno.
Así nuestros colores se diluyen,
en la paleta de la vida.
Sin sexo, color ni edad.

PALETTE DES LEBENS

Wie hast du meine Bluse bewundert,
die leuchtend und durchsichtig war.

Und du...bist fuchsiafarben!
sagte ich zu Dir.
Wir sind bunt!
im Wechsel von Licht und Schatten.

Schon immer war ich zimtfarben,
und auch du hast braune Haut.

Und wenn wir Kaffee mit Milch trinken,
brauchen wir ein wenig Zimtpulver,
unsere Farben in der Perspektive zu zeichnen.

Vom Licht überflutet sind wir zwei Silhouetten in einer.
So lösen sich unsere Farben
in der Palette des Lebens auf,
jenseits von Alter, Hautfarbe, Geschlecht.

DESHOJANDOSE

En la entrada de Christopher Street
en la ciudad de Berlín,
vi pasar un carro alegórico,
decorado de vida y falo púrpura.
Un martillo clavado en el muro.
Deshojando pétalos de rosas.

Mi corazón se suspendió,
de sorpresa en el aire,
tantas flores como hombres hermosos.
Vestidas de Diosas de otro libido.

Un hombre vestido de mujer,
cantaba un bolero...
¡No soy reina ni esclava!
¡Soy simplemente una mujer!
Oh ... tú sí que las tienes auténticas,
¡Se adelantó al ver mis pechos escotados!

Curiosa pregunté...
¿De qué país es el carro?
El hombre bellamente maquillado,
mordiendo sus labios acentuó...
Somos las aniquiladoras.
Somos los pájaros de los deseos nocturnos.
Todas las estrellas están en nuestros ojos.

Recibiendo mi moneda
se fue sonriendo eróticamente.
Tras el carro alegórico,
había un letrero,
beneficio para los positivos del Sida.

SICH ENTBLÄTTERN

Am Beginn des Christopher Street Umzugs,
in der Stadt Berlin,
sah ich einen allegorischen Wagen vorbeiziehen,
geschmückt mit dem prallen Leben und einem purpurnen Phallus,
einem in die Mauer hineingestoßenen Hammer,
der Rosenblätter entblätterte.

Mein Herz blieb schwebend
vor Überraschung in der Luft.
So viele Blumen wie schöne Männer,
gekleidet als Göttinnen einer anderen Libido.

Ein als Frau gekleideter Mann
sang einen Bolero...
Bin weder Sklavin noch Königin!
Bin einfach eine Frau!
Oh ..., deine sind wirklich echt,
er näherte sich beim Anblick meiner Brüste im Ausschnitt!

Neugierig fragte ich,
aus welchem Land kommt der Wagen?
Der wunderschön geschminkte Mann,
biss sich auf die Lippen und betonte...
Wir sind die Vernichterinnen.
Wir sind die Paradiesvögel nächtlichen Begehrens.
All die Sterne leuchten in unseren Augen.
Er nahm mein Geld,
und entfernte sich erotisch lächelnd.
Hinten am allegorischen Wagen
hing ein Schild:
Spenden für HIV- Positive.

ACURRUCADA

Desperté acurrucada,
como un feto,
sobre las faldas de mi Madre.

Sin querer despertar,
de este momento de piel íntima.
El cielo se reflejaba
en mis ojos mojados,

Acurrucada como una niña desamparada,
en este infinito de caricias del viento
veo nacer del vientre de la Tierra,
un nuevo capullo en flor.

EINGEKUSCHELT

Ich wachte auf eingekuschelt,
wie ein Neugeborendes
im Rock meiner Mutter.

Ich wollte nicht erwachen
aus intimer Haut, in diesem Moment.
Der Himmel spiegelte sich
in meinen nassen Augen wider.

Ein hilfloses Kind einkuschelt
in diesem unendlich liebkosenden Wind
sehe ich aus dem Innern der Erde
eine neue Knospe hervorsprießen.

Misma leche mismo Sol

FRÁGIL DESPEDIDA

Qué mezquino e insignificante.
Es tu amor,

Y qué frágil...la vida,
que cala hasta el tuétano.

Tu amor me da la vida,
y me rompe en despedida.

ZERBRECHLICHER ABSCHIED

Wie dürftig und unbedeutend
ist deine Liebe.

Und wie zerbrechlich... das Leben,
das bis ins Mark dringt.

Deine Liebe gibt mir das Leben,
und zerbricht mich im Abschied.

SUPURANDO DE AMOR

Respiró una nube de amor,
por mi cuerpo.

Evaporándome,
en labios de rocío.

Y se fue como mancha nocturna,
borrando las heridas,
supuradas por la vida.

AUS LIEBE EIFERND

Mein Körper atmete
eine Wolke aus Liebe.

Ich verdampfte
auf Lippen von Tau,

und verging wie ein nächtlicher Fleck,
die schwärenden Wunden
des Lebens tilgend.

LENTO DESCUIDO

Soledad era como una,
tortuga lenta,
le brillaban los ojos curiosos,
cuando algo había que hacer.

Soledad sufría por entender,
las cosas lentamente.

Sus amigas de Colegio,
casi todas se casaron pomposamente.
Llegaron a tener varios hijos,
y una familia con éxito tradicional.

Soledad miraba como el futuro,
llegaba a sus pies reposadamente.

Soledad decidió ser actriz,
para imitar a una perfecta Tortuga,

El tiempo pasa rápido,
sus amigas algunas ya divorciadas,

Ella se enamoró un poco tarde,
de un hombre viejo,
que la miraba lleno de encanto,
parsimoniosos los dos se comprendían.

Soledad por ser lenta tenía ventajas,
se convirtió en la señora Tortuga,
del pueblo de los Ríos Secos.
Venció a la frustración de los rápidos.

LANGSAME ACHTSAMKEIT

Soledad war
wie eine langsame Schildkröte,
ihre neugierigen Augen strahlten,
wenn es etwas zu tun gab.

Soledad litt darunter,
die Dinge nur langsam zu verstehen.

Ihre Schulfreundinnen
heirateten fast alle pompös.
Sie brachten es zu einigen Kindern
und zu einer Familie mit traditionellem Erfolg.

Soledad blickte wie die Zukunft,
kam nur zögerlich auf die Füße.

Soledad beschloss, Schauspielerin zu werden,
um die perfekte Schildkröte zu imitieren.

Schnell vergeht die Zeit,
einige Freundinnen waren schon geschieden.

Sie verliebte sich ein wenig spät,
in einen älteren Mann,
der sie voller Bewunderung ansah,
bedachtsam verstanden sich die beiden.

Soledads Langsamkeit hatte Vorzüge,
sie verwandelte sich in Frau Schildkröte
vom Dorf der Trockenen Flüsse
und besiegte die Enttäuschung der Eiligen.

CARAY...EMIGRANTE...CARAY

De vergüenza, me moría,
quise ser tragada viva,
por la tierra prometida.
¡No tenía más el sello prolongado...!

Sacar el galope de caballos
de mi afligido corazón
era esculpir la silueta en el madero podrido.

Escupí la rabia en sangre,
hasta que el hastío agresivo,
dejara respirar de nuevo mi herida ardida de angustia.
Yo no pedí que me juzgaran por extranjera. Caray...

Me morí viva de vergüenza,
sin poder explicar a mi suerte mi simple inocencia,
así suspiraba el aire de los privilegiados.

¡Qué horror! El cordón umbilical,
me envolvía el cuello de ilegal,
exhumándome de la espina dorsal del lamento.

Y respiraba lentamente,
dejando saltar de susto,
las lágrimas impotentes,
que caían al ataúd de mi sendero destripado.

ACH, AUSLÄNDERIN, ACH...

Ich starb vor Scham
und wollte lebendig
von der gelobten Erde verschlungen werden.
Ich hatte den Verlängerungsstempel nicht mehr!

Den Galopp der Pferde
aus meinem trübsinnigen Herzen nehmen,
das war den Umriss in das modrige Holz meißeln.

Ich spuckte die Wut des Blutes
bis der aggressive Überdruss,
aufs Neue meine vor Qual brennende Wunde atmen ließ.
Ich habe nicht darum gebeten als Ausländerin verurteilt zu
werden, caray...

Ich bin lebendig vor Scham gestorben,
ohne meinem Schicksal meine einfache Unschuld erklären zu
können,
so seufzte ich in der Luft der Privilegierten.

Welcher Horror! Die Nabelschnur
umschlang meinen Hals der Illegalen,
grub mich aus der Wirbelsäule der Klage.

Und ich atmete langsam,
ließ vor Entsetzen,
die ohnmächtigen Tränen laufen,
auf den Sarg meines ausgeweideten Weges fallen.

INSECTO POMA

En mi papel camina,
una poma insecto,
que vive sólo segundos.

Cayó a mi página de poesía,
con su pareja.

Pensando quizás,
son las sábanas escritas de su destino,
cayeron peleando, pataleando,
dieron vueltas con chirridos horrorosos.

Después una se subió sobre la otra.
Se quedaron en silencio eterno,
y juntos en la misma posición,
continuaron volando.

EINTAGSFLIEGE

Über mein Blatt
läuft eine Eintagsfliege,
die nur Sekunden lebt.

Sie fiel mit ihrem Partner
auf meine Seite Poesie.

Vielleicht dachten sie,
es wäre ihr auf Laken geschriebenes Schicksal.
Sie fielen raufend und strampelnd,
drehten ihre Runden mit schrecklichem Kreischen.

Dann erhob sich eines über das andere.
Sie verharrten in ewigem Schweigen,
und in der gleichen Stellung vereint
setzten sie den Flug fort.

ADORABLE MONSTRUO

Tengo un demonio interior
que no se puede dominar,

Es un monstruo grande,
risueño, cariñoso, carismático.

Este monstruo come mis sentidos,
devora mis ansias,
las satisface en agonías vivas.

Me desvía de la triste realidad,
a sueños sin consumirse.

Sueños inolvidables que me provocan
sueños que me sacan de mis casillas.

Este monstruo mitad hombre-mujer mitad animal,
está presente en el regazo tierno de mi almohada.
Velando mis ensueños.

Este monstruo insatisfecho,
Me tiene enamorada, apasionada del viento de la vida.

BEWUNDERNSWERTES MONSTER

Ich habe einen inneren Dämon,
den ich nicht beherrschen kann.

Es ist ein riesiges Monster,
lachend, zärtlich, charismatisch.

Dieses Ungeheuer frisst meinen Verstand,
verschlingt meine Sehnsucht,
befriedigt sich an meinen Agonien bei lebendigem Leib

und entreißt mich der traurigen Realität,
mit nie versiegenden Träumen,

unvergesslichen Träumen, die mich herausfordern,
Träumen, die mich aus der Fassung bringen.

Dieses Monster, halb Mannfrau, halb Tier
wohnt im weichen Schoß meines Kopfkissens
und bewacht meine Entrücktheit.

Dieses unersättliche Ungeheuer
bringt mich zum Lieben, hingerissen vom Lebenswind.

BEBÉ ALPACA

Mi gorro de invierno, era de Alpaca,
Mis guantes eran de Alpaca
Mi mantilla también era de Bebé Alpaca,
así sobrevivía el invierno de Berlín.

En una visita al Jardín de los Animales,
advertí la desesperación de una ¡Alpaca viva!
Cuando me vio, estornudaba,

Tenía los ojos grandes,
cuello esbelto de Faraona,
nalga bien parada.
Su andar majestuoso y elegante,
me trasladó inmediatamente a Oruro.

Agradecí por su vida,
y pedí mil disculpas,
por todo lo que usaba,
contra el frio matador.

Con un movimiento de cabeza,
recibió mis disculpas.

Pensamos juntas mentalmente,
en hondo recogimiento,
  ¿Volveremos algún día al Altiplano?
¿O seguiremos esperando que?

Ella entre las rejas del Jardín de los Animales.
Y yo en el Teatro arrogante de Berlín?

BABY-ALPAKA

Meine Wintermütze
war aus Alpaka,
meine Handschuhe aus Alpaka,
auch mein Schal war aus Baby Alpaka.
So überlebte ich den Winter in Berlin.

Bei einem Besuch im Zoologischen Garten
bemerkte ich die Verzweiflung eines lebendiges Alpakas
Als es mich erblickte, nieste es.

Es hatte große Augen,
den grazilen Hals einer Pharaonin,
das Gesäß aufgerichtet.
Sein majestätischer und eleganter Gang
versetzte mich unverzüglich nach Oruro[2].

Ich dankte für sein Leben
und entschuldigte mich tausend Mal
Für alles, was ich
gegen die tödliche Kälte trug.

Mit einer Kopfbewegung
nahm es meine Entschuldigungen entgegen.

In tiefer Andacht
fühlten wir uns zusammengehörig.
Werden wir eines Tages zum Altiplano zurückkehren?
Oder werden wir fortfahren zu warten – auf was?

Du zwischen den Gitterstäben des Zoologischen Gartens,
und ich in diesem arroganten Theater Berlin?

---

[2] = Stadt, Hauptstadt der Folklore in Bolivien

PLUMA MULTICOLOR

Arranqué dulcemente
una pluma multicolor,
del pájaro que gorjeaba en mi ventana.

Y escribí un poema con tinta roja,
a su despedida
vestidura de su vuelo desolado,
en Madrugada.

BUNTE FEDER

Ich entriss dem Vogel,
der an meinem Fenster zwitscherte,
sanft eine bunte Feder.

Ich schrieb mit roter Tinte
ihm zum Abschied ein Gedicht,
Kleidung seines verzweifelten Fluges
im Morgengrauen.

BAJO TIERRA

Nos perdimos de vista,
por buscar un mejor futuro.

Seguro que nos encontraremos,
bajo tierra,
y nuestros distintos destinos,
se entrelazarán como raíces
perdidas, ardientes, gimientes.
rodeándonos de arena de lluvia,

Y me regalarás por todo el tiempo perdido,
un puñado de tierra,
con semillas sagradas del Universo.

UNTER DER ERDE

Wir verloren uns aus den Augen,
eine bessere Zukunft zu suchen.

Sicher werden wir uns wiederfinden,
unter der Erde,
und unsere unterschiedlichen Schicksale
werden sich wie Wurzeln verflechten,
verloren, brennend, wimmernd,
umgeben wir uns mit dem Sand des Regens.

Und für all die verlorene Zeit wirst du mir
eine handvoll Erde schenken,
mit dem heiligen Samen des Universums.

FRAGANCIA DE ROSAS

Virgen vestida
de quejumbre humana,
en el día eres pureza sin sombra,
y en la noche gata y pecado.

Tu perversa trampa, Virgen del sol,
Arrebata las catedrales de senos lamidos.

Virgen, ahuyentas la paz de nuestras ruinas,
y a la vez las campanas repican a tu gracia.

En tu altar hay vino sangriento,
vino tinto de tus amores sacrificados.

Las bestias que te amaron,
deambulan en el polvo de los muertos,
de los muertos satisfechos de orgasmos.

Virgen de socavones oscuros,
eres hija de Dios,
y vives como hija del hombre,
y vives como amante del cautiverio.

Eres ingenua, perspicaz y amada,
tu eternidad en celestial encanto.
La gorjean y la repiten los grandes ruiseñores.
Que lloran por sus placeres olvidados y perdidos.

ROSENDUFT

Jungfrau, bekleidet
von menschlichem Abschaum.
Tags bist du Reinheit ohne Schatten,
und nachts Katze und Sünde.

Deine perverse Falle, Jungfrau der Sonne,
raubt die Kathedralen der beleckten Brüste.

Jungfrau, du vertreibst den Frieden aus unseren Ruinen
und gleichzeitig läuten die Glocken für Deine Anmut.

Auf deinem Altar gibt es blutigen Wein,
den roten Wein deiner geopferten Lieben.

Die Bestien, die Dich liebten,
gehen umher im Staub der Toten,
der von Orgasmen befriedigten Toten.

Jungfrau der dunklen Höhlen,
Du bist die Tochter Gottes
und lebst wie eine Menschentochter,
wie die Geliebte der Knechtschaft.

Du bist unschuldig, hellsichtig und geliebt.
Deine Ewigkeit im himmlischen Zauber,
zwitschern und wiederholen die großen Nachtigallen,
die um ihre verlorenen und vergessenen Freuden weinen.

EN EL MAR

¿Qué misterio tiene la melancolía del viento?
Que me atrapó nuevamente
con la suave brisa.

Me revoloteó entre sus olas,
y me dejó mensajes de invierno,
en sus celosas burbujas.

AM MEER

Welches Mysterium birgt die Melancholie des Windes?
der mich aufs Neue
mit einer sanften Brise umfängt.

Er umweht mich zwischen den Wellen,
und bringt mir die Botschaft des Winters
in seinen lustvollen Wirbeln.

FUEGO MUDO

De la noche,
a la mañana,
quemé mi fuego con fuego,
y quedé prendida en la llama del recuerdo.

STUMMES FEUER

Zwischen Abend
und Morgen
verbrannte ich mein Feuer mit Feuer
und blieb gefangen
in der Flamme des Erinnerns.

MURMULLO DEL TIEMPO

Sentada en la puerta del tiempo,
con las brasas en el fuego,
destilando las aflicciones del día,
pasan las horas sin descuento.

A lo lejos mis ojos se maravillan
de cómo el crepúsculo arde en silencio.

Sentada en la otra orilla del reloj
Escucho el murmullo de mi corazón desafiante,
¡Que palpita con hondo sentimiento,
en busca de libertad!

¡Qué momento de éxtasis sobreviviente!
cuando gimen las ramas por sus hojas secas.

RAUNEN DER ZEIT

Ich sitze an der Pforte der Zeit,
im Feuer in der Glut
Beim Bedenken der Mühen des Tages
verrinnen erbarmungslos die Stunden.

In der Ferne bewundern meine Augen,
wie der Sonnenuntergang im Stillen brennt.

Ich sitze am anderen Ufer der Uhr
und höre das Raunen meines widerspenstigen Herzens,
das mit tiefer Empfindung pocht,
auf der Suche nach Freiheit!

Welch Augenblick der Ekstase des Überlebens!
wenn die Äste um ihre trockenen Blätter seufzen.

PUENTE DE VANNES

Estuve en el puente más antiguo
del mundo.

El agua melodiosamente,
pasaba bajo el puente.

Las piedras de los muros de Vannes,
hablaban de su historia,
el agua iba al Atlántico.

Dos palomitas enamoradas,
en afán de hacer su nidito.
Sin saber de la antigüedad
de las piedras de este viejo puente.

Transportaban pajas y cabellos,
en uno de los ideales
huecos de los muros,
más viejos de Mundo.

DIE BRÜCKE VON VANNES

Ich war
an der ältesten Brücke der Welt.

Das Wasser floss melodisch
darunter hindurch.

Die vermauerten Steine von Vannes
erzählten ihre Geschichte,
das Wasser strömte zum Atlantik.

Zwei verliebte Täubchen,
bauen eifrig an ihrem Nest,
wissen nichts von den antiken Steinen
dieser Brücke.

Sie tragen Stroh und Haar
in eine der idealen Nischen
der ältesten Mauer
der Welt.

CONTEMPLACIÓN

No me despedí del mar,
por no sufrir su ausencia.

De niña no conocía su inmensidad.

Las olas inquietas me siguen,
a través del ruido del tren de regreso.

Mi piel tostada de contemplación,
será una reflexión para Orión.
Allá en el cielo infinito azul del mar.

NACHDENKEN

Ich verabschiedete mich nicht vom Meer,
um nicht unter seiner Abwesenheit zu leiden.

Als Kind kannte ich diese Unermesslichkeit nicht.

Die unruhigen Wellen verfolgten mich
auf der Rückfahrt mit den Geräuschen des Zuges.

Meine gebräunte nachsinnende Haut
eine Spiegelung des Orion,
am unendlich blauen Himmel des Meeres.

Desafio interior

AGUA DEL ÁRBOL ROJO

Me desnudé a orillas del río,
bajo el árbol de hojas rojas,
hojas acorazonadas de poros sedientos,
hojas sangrientas de agua femenina.

Después de varias horas
entre las ramas y la arena,
follajes de amores invisibles me abrazaron,
presumiendo mi desnudo interior.

Las hojas de riberas encantadas caían en su bosque,
e insistentes me cubrían el cuerpo.
Mi boca, mis manos, mis pies estaban rojos de Otoño
La tierra también estaba cubierta de hojas rojas,
Horas desnudas que intimaron con las deshojadas flores.

A la sombra del calor
me sentí mordida, aprisionada, asfixiada
por la voraz Afrodita del bosque
que me despertó con un beso mojado.

WASSER VOM ROTEN BAUM

Ich entkleidete mich am Ufer des Flusses
unter dem Baum mit roten Blättern,
den Blätterherzen mit durstigen Poren
Blätter, die weibliches Wasser bluten

Nach einigen Stunden
zwischen Zweigen und Sand
umarmte mich sein Laub aus unsichtbaren Lieben,
nahm mein nacktes Inneres an.

Die Blätter verzauberter Ufer fielen in ihren Wald,
und bedeckten nachdrücklich meinen Körper,
mein Mund, meine Hände, meine Füße waren rot von Herbst
und auch die Erde war mit roten Blättern bedeckt,
Nackte Stunden wurden mit entblätterten Blumen vertraut.

Im Schatten der Wärme
von einem feuchten Kuss geweckt.
fühlte ich mich gebissen, gefangen, erstickt
von der gefräßigen Aphrodite des Waldes.

CERCA DE MIS AGONÍAS

Qué lejos de mi misma estoy.
Lejos del sol, de mis montañas,
mi retama amarilla.
Por correr tras el pan de mis desafíos me alejé
en distancia oceánica a mi escape,
aproximándome siempre a la lejanía,
las más de las veces muda quedé.

Bocados ardorosos
van purificando en grietas
a mis pupilas curiosas,
que sedientas recorren el mundo.

Lejos de mis espíritus divinos
y de ustedes viva,
cercana y lejana estoy,
¿Porqué me pierde esta búsqueda?

Qué lejos de mis adentros remordidos y ensangrentados,
me encuentro con papeles y sin salida.
Me secuestran en mi propio caminar.
Sumergida en caricias, golosinas, espejos, caí,
y resucité más lejos de mis sueños,

Renunciándome me sumergí
en mis bolsillos rotos,
mis huellas borran los frutos comidos.

¡Ay! Qué lejos de las perlas destiladas me cobijo.
Y no sé cómo regresar con las manos vacías.
Lejos de mi ausencia, bajo mi piel
ustedes están vivos, y soy feliz.

NAH MEINER AGONIE

Wie weit bin ich von mir entfernt,
von der Sonne, meinen Bergen,
dem gelben Ginster,
um dem Brot zu folgen, entfernte ich mich
auf meiner Flucht auf ozeanweite Distanz,
näherte mich mir immer aus der Ferne
und blieb die meiste Zeit stumm.

Brennende Münder
reinigen zerfurchend
meine neugierigen Pupillen,
die durstig in die Welt ziehen.

Weit von meinen göttlichen Geistern
und von euch lebend,
bin ich nah und fern.
Warum verliere ich mich auf der Suche?

Weit von meinem zerbissenen, blutenden Inneren
traf ich auf Papiere ohne Ausweg.
Verfolgt auf meinem eigenen Weg,
überschwemmt mit Zärtlichkeiten, Süßigkeiten, Spiegeln, fiel ich
und erwachte wieder, noch weiter von meinen Träumen.

Mich aufgebend, versank ich
in meinen durchlöcherten Taschen,
meine Spuren tilgten die gegessenen Früchte.

Oh, wie weit von meinen destillierten Perlen bin ich
untergeschlüpft,
und weiß nicht, wie mit leeren Händen zurückkehren.
Weit von meiner Abwesenheit, unter meiner Haut
seid ihr lebendig, und ich bin glücklich.

COLIBRÍ DE PUYAS

Los Colibrís
chupan y chupan,
en gran éxtasis,
el néctar de las flores.

Los Colibrís
chupan a la floreciente flor.

Este Colibrí es especial,
tiene un pico largo tan largo,
que sólo chupan a las Puyas Gigantes
que florecen cada cien años.
Puyas que florecen en el frío.

Este bello Colibrí de Puyas,
cuando metía el largo pico
a la profundidad de la flor,
se encontró con mala suerte,
a los piojos de la estación.

Estos piojos caminan en el largo pico,
Hasta llegar a los ojos del Colibrí,
donde viven contentos,
hasta volverlo ciego.

Bellos Colibrís de Puyas Gigantes.
Meten su espectacular pico,
sin saber que les espera una locura ciega.

KOLIBRI AUF DEN PUYAS

Kolibris
saugen und saugen
in großer Ekstase
Blütennektar.

Die Kolibris
saugen an blühenden Blumen.

Dieser Kolibri aber ist einzig,
hat einen überlangen Schnabel,
um an den Riesenpuyas zu saugen,
die nur alle hundert Jahre blühen.
Die Puyas blühen in der Kälte.

Dieser schöne Puya-Kolibri,
wenn er seinen langen Schnabel
in die Tiefe der Blüte senkt,
trifft er zu dieser Unglückszeit
auf die Blattläuse darin.

Die Läuse wandern den Schnabel entlang
zum Auge des Kolibris,
wo sie zufrieden leben,
bis er erblindet.

Die schönen Kolibris der Riesenpuyas
gebrauchen ihren spektakulären Schnabel
ohne zu ahnen, dass sie dadurch blind das Unglück trifft.

AZUL PROFUNDO

Tras el horizonte,
el mar es azul cielo,
tú también eras azul,
imposible azul,
tú balbuceabas sílabas,
entre las espumas blancas azuladas.

Yo sentada en la piedra,
te miraba como llorabas
azul melancolía.

Líbrame del color de despedida,
mordeduras de última hora,
azules quejas del reflejo del mar.

Las serenatas de luna,
me dijeron que a media noche,
es más oscuro el azul del olvido,

Qué compasión,
mi amor, mi dulce veneno
esta más allá del azul profundo.

TIEFBLAU

Am Horizont
ist das Meer himmelblau,
und auch Du warst blau,
unmöglich blau,
du stammeltest Silben,
zwischen weißem gebläutem Schaum.

Ich saß auf einem Stein
und sah dich weinen,
blaue Melancholie.

Befrei mich von der Farbe des Abschieds
Bisse der letzten Stunde,
blaue Klagen als Reflex des Meeres.

Die Mondserenaden
sagten mir, um Mitternacht,
ist das Blau des Vergessens am dunkelsten.

Welches Bedauern,
meine Liebe, mein süßes Gift
ist jenseits vom tiefen Blau.

SUSPÍROS

Sobre las blancas nubes,
volando en el pájaro de hierro,

se ve la tierra,
como un puntito insignificante
el borde del horizonte es infinito.

Aquí cerca del cielo,
Nuestras voces son suspiros.

Lo increíble es ser parte de esta maravilla,
es como ser parte del fin del Mundo,
que nos arrulla entre arco iris
escurriéndonos como simples naranjas

SEUFZER

Über den weißen Wolken
flog ich in einem Vogel aus Eisen.

Sah die Erde
wie ein unwichtiges Pünktchen.
Der Horizont unendlich.
Hier, dem Himmel so nahe,
sind unsere Stimmen Seufzer.

Unglaublich, Teil dieses Wunders zu sein.
als wäre man Teil vom Ende der Welt,
das uns in den Regenbogen hüllt,
ausgepresst wie einfache Apfelsinen.

El hijo no nato del Sol

PORVENIR

Las nubes evaporadas,
navegan sin rumbo,
en el rutinario cielo.

Danzando como neblina,
se hacen el quite de las estrellas,
y vuelven en gotas insignificantes,
a la Madre Tierra.

En la humedad del barro
se convierten en gusanitos.
Y se desintegran en la barriga,
de los pajaritos.

Círculo espermetazóidico,
del zodíaco de las estrellas.

ZUKUNFT

Die flüchtigen Wolken
segeln richtungslos
am gewohnten Himmel.

Tanzen wie Nebel
weichen den Sternen aus
und kehren als nichtige Tropfen
zu Mutter Erde zurück

werden zu Würmchen
im feuchten Schlamm
und zerfallen
im Magen der Vögel.

Ein Kreislauf der Samen
im Zeichen der Sterne.

ESPERANDO FAMILIA

A la hora de regreso,
después de un arduo día de trabajo,

Al subir las gradas,
del tercer piso de mi departamento,
saltó por mi costado derecho,
un cuerpo pequeño caliente,
parecía una mancha oscura de miedo.

Se dio contra el ventanal,
atontada cayó al suelo,
y se irguió rápidamente,
dispuesta todavía a quererme atacar,
vi una cola larga,
¡Me quedé inmóvil!
Nos miramos frente a frente,
¡Qué miedo serenado de curiosidad!
Me envolvía mi palpitar más fuerte.

Era una gorda rata,
era tan gorda que se movía con dificultad.
¿Qué buscaba sola al bajar las gradas
de un departamento de cemento?
Donde sólo se escuchaba
la máquina vieja de la fábrica de pantuflas.
Creo que buscaba un nuevo departamento
para sus crías.
¿O tal vez una encantadora matrona?

Con todo el miedo que me hacía vibrar,
atiné a hablar con esta futura mamá rata.
Y bajé corriendo en zigzag,

cantando una canción de cuna.
Se apagó la luz!
La gorda rata bajó hasta la puerta del sótano.
Buscando salida.
Goteaba un poco de sangre,
de su cuerpo inquieto,
pero templada su mirada.

Subí en un estrépito de miedo,
a encender la luz, la puerta estaba cerrada.
La vi desesperada,
ella escuchaba todos los latidos de mi corazón.

Y yo sentía una energía que llenaba todo el viejo edificio.
Bajé siete peldaños, la miré – me miró en silencio,
haciendo ruido con las llaves,
abrí la puerta a la calle.

Y subí al tercer piso del edificio de la Torstrasse.
Me inundé de una tranquilidad en mi habitación.

Regresé curiosa a mirar al sótano.
La gorda señora rata, ya no estaba allí.
Las gotitas de sangre de aquella madre
quedaban de recuerdo en el piso.

¿Qué espíritu en esa gorda rata vino?
A reconocer su anterior vida en Berlín
en este viejo pero renovado edificio de historia?

WERDENDE MUTTER

In der Stunde der Rückkehr
nach einem mühsamen Arbeitstag

beim Ersteigen der Stufen
des dritten Stocks zu meiner Wohnung
schnellte an meiner rechten Seite
ein kleiner warmer Körper hervor,
es schien ein dunkler Flecken der Angst.

Es stieß sich am Fenster,
fiel ungeschickt auf den Boden,
wo es sich schnell rappelte,
noch geneigt, mich anzugreifen.
Ich sah einen langen Schwanz.
Ich stand wie erstarrt!
Es stand auch unbeweglich!
Wir sahen uns Auge in Auge an.
Welche Angst, vermischt mit Neugier!
Mein Herz schlug wie wild.

Es war eine dicke Ratte,
so dick, dass sie sich kaum bewegen konnte.
Was suchte sie, allein im Treppenhaus,
in dem Gebäude aus Beton,
wo man nur die alte Maschine der Pantoffelfabrik hörte?
Ich glaube, sie suchte eine neue Wohnung
für ihre Brut oder vielleicht
eine zauberkundige Hebamme?

Trotz all der Angst, die mich schüttelte,
begann ich mit der zukünftigen Rattenmutter zu sprechen,
ich stieg hinab, lief Zickzack,

ein Wiegenlied singend.
Das Licht ging aus!
Die dicke Ratte bewegte sich Richtung Tür im Keller.
Sie suchte den Ausgang, verlor ein wenig Blut
aus ihrem unruhigen Körper,
aber ihr Blick war mild.

Ich stieg im Lärm meiner Angst hinauf,
das Licht anzuzünden, die Tür war verschlossen,
ich sah sie verzweifeln,
sie hörte jeden Schlag meines Herzens.

Und ich fühlte eine Energie, die das ganze alte Haus erfüllte.
ich stieg sieben Stufen hinab, ich sah sie an – sie sah mich still
an,
ich machte Lärm mit den Schlüsseln,
öffnete die Tür zur Straße.

Und ich stieg zum dritten Stock des Gebäudes in der Torstraße
hinauf,
in meiner Wohnung überströmte mich die Ruhe.

Neugierig kehrte ich ins Erdgeschoss zurück.
Die dicke Frau Ratte war nicht mehr da.

Die Blutströpfchen dieser Mutter
blieben als Erinnerung auf dem Boden...

Welcher Geist fuhr in diese dicke Ratte,
sich ihres früheren Lebens in Berlin zu erinnern?
An dieses alte, wenn auch renovierte historische Gebäude?

MAJESTUOSO

No hay nada,
más majestuoso,
que ser contemplados,
por el Padre Sol.

El cielo agradecido despierta
con pinceladas perfectas.

Los rayos misericordiosos del Sol
alumbran a los más simples seres.

Por eso son silenciosas las estrellas de la mañana.

Donde la Luna también nos acompaña,
en todas sus fases menstruales.

MAJESTÄTISCH

Es gibt nichts
Majestätischeres
als von Vater Sonne
betrachtet zu werden.

Der dankbare Himmel
weckt mit perfektem Pinselstrich.

Barmherzige Sonnenstrahlen
scheinen auf die einfachsten Wesen,

deshalb sind Morgensterne still.

Der Mond begleitet uns
in all seinen menstrualen Phasen.

LATIDO ANÓNIMO

Nuestra piel se quema sin quemarse,
¡Somos un monte de huesos que crujen!
Anudados a sentimientos que matan.

Pensamientos abonados de melancolía,
apagan el grito de las estaciones.
Mientras las raíces beben agua de nuestra sequía.

El viento nos reparte hecho polvos,
desnudos, desnudos de carne,
al latido anónimo del universo .

ANONYMER HERZSCHLAG

Unsere Haut verbrennt ohne zu brennen.
Wir sind ein ächzender Knochenhaufen!
Verstrickt in tödliche Gefühle.

Gedanken genährt von Traurigkeit,
ersticken den Schrei der Jahreszeiten,
während die Wurzeln das Wasser unserer Dürre trinken.

Der Wind verteilt unseren Staub,
nackt, nackt von Fleisch
im anonymen Herzschlag des Universums .

TODO Y NADA

Mientras la vela,
se consumía,
no pude decirte
todo lo que debería.

Porque tú al apagar la vela,
sin consumirse,
todo lo descubrirías.

ALLES UND NICHTS

Während die Kerze
sich verzehrte,
konnte ich nicht alles sagen,
was ich dir hätte sagen sollen.

Denn du, indem du die Kerze löschtest,
ohne dass sie ausbrannte,
hattest schon alles begriffen..

MOSQUITO DRÁCULA

El que me picó,
era un mosquito tan perverso!
¿Pequeño y tan bonito?
Ni siquiera lo vi en acción.

En cada picadura advertía su destreza,
me levantaban ronchas grandes,
me escocía hasta despellejar la piel.

Cuando decidí exterminarla,
horas, días enteros tras su pequeña huella,
¡Era tan ágil! Y ¡tan contorsionista!
Aplaudía al aire, por atraparla.

Cuando llegó su última hora,
se posó en la cortina blanca de la memoria,
llena su panza, se limpiaba su boca.

Fue cuando le di contra la pared,
¡Ya no me comerá más perverso!
La cortina blanca de mi noviazgo,
quedó manchada de sangre,
solo un puntito al rojo vivo.

Mi madre cuando vio,
la cortina ensangrentada,
¡no solo es la tuya! Dijo resignada,
es un laboratorio de sangres.

Este mosquito Drácula que me picó,
era diminuto, bonito y atrevido.
Tenía un aguijón que traspasaba,
el infierno más duro.

Estoy segura que era su preferida,
conmigo era imparable,
¡implacable! mosquito del rio Spree

Lo que sí sé que el aguijón,
de este minúsculo cruel,
será tremendamente rascable,
¡inolvidable!

DIE DRACULA-MÜCKE

Die mich gestochen hatte,
war eine derart perverse Mücke!
Klein und so niedlich?
Nicht, wenn ich sie in Aktion sehen musste.

Ein jeder Stich bewies die Meisterschaft,
mir wuchsen große Beulen,
ich kratzte mich bis zum Enthäuten.

Als ich beschloss, sie auszurotten,
war ich Stunden, ja ganze Tage auf ihrer winzigen Spur.
Sie war so flink und wendig!
Ich applaudierte in der Luft, sie zu erwischen.

Als ihr letztes Stündlein kam,
posierte sie auf dem weißen Vorhang meiner Erinnerung,
mit vollem Bauch säuberte sie ihren Stachel.

Das war, als ich sie gegen die Wand klatschte.
Du wirst mich nicht mehr fressen, Perverseste!
Der weiße Vorhang meines Verlobten
verblieb bespritzt mit Blut,
nur ein Punkt von lebendigem Rot.

Als meine Mutter
den mit Blut befleckten Vorhang sah,
sagte sie resigniert, es ist nicht nur deins,
es ist ein Blutlabor.

Diese Mücke Dracula, die mich stach,
war klein, niedlich und frech
und hatte einen Stachel,
der mir die schlimmste Hölle brachte.

Ich bin sicher, ich war von ihr bevorzugt,
bei mir war sie unaufhaltsam,
unbarmherzig! Die Mücke von der Spree
Und ich weiß es genau,
dass der Stachel dieses grausamen Winzlings
fürchterliches Jucken brachte,
Unvergesslich!

ESCASAS SEMILLAS

Atrás los árboles,
crecen verdes,
sus raíces suben a florecer.

Yo no me olvidaré,
llevar siempre semillas,
semillas de otras estaciones conmigo.

SPÄRLICHE SAMEN

Hinter mir die Bäume
wachsen grün,
auch ihre Wurzeln wollen blühen.

Ich werde nicht vergessen,
immer Samen zu sammeln,
Samen anderer Jahreszeiten.

SOMBRA CELOSA

Olvidaste a propósito llevar tu sombra,
y te ocultaste en la sombra de mis sombras.

Tú me persigues con malas intenciones,
convertida en la sombra de mis irraciocinios.

Eres un simple trozo de insomnio
que te quemas entre sombras,
por la lujuria de tus celos.

Eres carbón de mi fogata.
Quiero de una vez terminar
con esa falsa sombra.

EIFERSÜCHTIGER SCHATTEN

Du hast absichtlich vergessen, deinen Schatten mitzunehmen,
und verbargst deinen Schatten in meinem.

Du verfolgst mich mit üblen Absichten,
verwandelst dich in den Schatten meiner Unvernunft.

Du bist ein simpler Brocken Schlaflosigkeit,
die dich für deine ausschweifende Eifersucht
zwischen den Schatten verbrennt.

Du bist die Kohle für mein Feuer.
Ich will ein für alle Mal Schluss machen
mit deinem falschen Schatten.

A FUEGO DE BOMBAS

Dios Todopoderoso ¿dónde estás?

Los pobres pobres se unen,
y se desparraman ensangrentados.
No importa de que color sean,
de que raza, o de que edad.

Los pobres más pobres,
se agobian a fuego de bala,
les mutilan a juegos de radioactividad.
Les exterminan en rompecabezas de epidemias.

Los pobres menos pobres,
se tiñen de muerte,
defendiendo su pan de esclavos,
trabajando la tierra para los pobres diablos.

Acariciando en su refugio vacío,
el abrigo remendado, agujereado de poderes.

¡Pisoteados, humillados se levantarán,
los hombres empobrecidos!
para inventar otra voz erguida en el nuevo amanecer.

Al final siempre los pobres pobres!
Creen que los Dioses les van a salvar.

¿Por qué los pobres pobres se quedan pobres?
Con descaro les llaman todavía,
los pobres, pobres del Tercer Mundo.
¡Como si el Mundo no fuera uno solo!

IM RAKETENFEUER

Allmächtiger Gott, wo bist Du?

Die Armen, arm vereinen sie sich,
und verstreuen sich blutgetränkt,
gleich welcher Farbe, welcher Rasse,
welchen Alters sie sind.

Die Ärmsten der Armen
ducken sich vor dem Kugelhagel,
werden verstümmelt im Spiel mit der Radioaktivität
vernichtet mit rätselhaften Epidemien.

Die weniger armen Armen
sind vom Tod gezeichnet.
Sie verteidigen ihr Sklavenbrot,
bearbeiten den Acker für die armen Teufel.

Streicheln in ihrem kahlen Refugium
den geflickten Mantel, durchlöchert von der Macht.

Getreten und erniedrigt werden sich die verarmten Menschen
erheben!
Um wieder eine aufrechte Stimme im neuen Sonnenaufgang zu
erfinden.

Am Ende glauben immer die armen Armen!
die Götter werden sie retten.

Warum bleiben die armen Armen immer arm?
Schamlos nennt man sie immer noch
die armen Armen der Dritten Welt.
Als ob die Welt nicht eine einzige wäre.

AGUA SOLAR

Luna, lunita, luneta.
Sufres tu tragedia,
sin darte cuenta que tu cuerpo
de fuego apagado,
suplica la caída del agua solar.

Luna adorada te revolcaste,
en otras ardientes sacudidas.

No llores más luna, en un eclipse de sol,
Volverás embarrada de amor al cielo.

Para contar a las estrellas caídas,
de las limitaciones carnales.

SONNENWASSER

Ach, Mond, kleiner, kleiner Mond,
du erleidest deine Tragödie.
Bemerkst nicht, dass dein Körper
aus erloschenem Feuer
den Fall des Sonnenwassers erfleht.

Angebeteter Mond, du hast dich gewälzt
in anderen heftigen Erschütterungen.

Weine nicht mehr, Mond, in einer Sonnenfinternis,
wirst du von Liebe verschlammt an den Himmel zurückkehren,

um den fallenden Sternen
von der Begrenzung des Fleisches zu erzählen.

INSTANTE FERMENTADO

Pasamos como humo de hogueras extinguidas.
En el esplendor de bestias dominantes.

Más solos en la multitud.
Este ir y venir son cuchillos de sal en la herida.

Quizás el alba es demasiado filo
para descansar en la pasiva noche?

Sudor del mes cotidiano.
Vivimos como residuos del capital.

Pararse en un instante fermentado
y escuchar el palpitar del corazón
es una súplica del alma,
que respira y sonríe por simple costumbre.

VERGORENER AUGENBLICK

Wir vergehen wie der Rauch erloschener Feuer
im Glanz herrschender Bestien.

Einsamer noch in der Menge,
dieses Kommen und Gehen sind Messer aus Salz in der Wunde.

Vielleicht ist die Dämmerung zu einschneidend,
um sich in der stillen Nacht zu erholen?

Der Schweiß des alltäglichen Monats.
Wir leben wie Abfall des Kapitals.

Stehenbleiben in einem vergorenen Augenblick
und dem Herzschlag zuhören,
ist ein Bittgesuch der Seele,
die atmet und lächelt aus reiner Gewohnheit.

SOPLO DE VIENTO

De regreso a la tierra,
que le vio nacer.

Huayra ahora aspira,
el aire más limpio de Sud América.
Verá más cerca las estrellas del Año Luz.

Regresó a arrullarse de nuevo,
en su adorada Tierra boliviana
lugar de su inocente nacimiento.

Él amaba como sea a su Bolivia,
bailaba con el corazón en la mano,
hasta salir en éxtasis ancestral.

Huayra, la estrella de la mañana,
regreso a nacer Cóndor otra vez,
volará por las sendas de nieves eternas.

Y jugará de nuevo con los Apus,
hasta soltar sus cabellos,
largos y brillantes.
Su talle femenino le confundía
como si fuera Ñusta, princesa del Ande.

Huayra era transparente, sincero y crítico,
sus desacuerdos justificados
con la Comunidad Boliviana en Berlín,
le traía muyo muyo - dolores de cabeza.

Las más de las veces por su opinión,
retornaba solo y triste,
en el último tren a Potsdam.
donde vivía su Familia Quechua.

Huayra se fúe para siempre.
A escuchar el quejido del viento.
Estará contando de nosotros y brindando,
con el TIO de la Mina,
del Cerro Rico de Potosí.

Se fué primero que nosotros,
a danzar el embrujo del alma Andina,
sin retomo a Berlín.

Huayra la estrella de la mañana.
Estará preparando jubiloso,
el banquete de placeres y orgias,
de la vida más exótica,
para nuestra llegada,
en comunión ceremonial,
con los Espíritus vivos de las Montañas.

No hay tiempo ni espacio,
cuando uno vuelve a la Patria.
Huayra baila al son del TINKU,
bate de nuevo sus cabellos largos, sueltos y brillantes
hasta trasladarse en astral,
al Carnaval de las Culturas de Berlín

HAUCH DES WINDES

Zurück zu jener Erde,
die ihn zur Welt kommen sah,

atmet Huayra jetzt
die sauberste Luft Südamerikas.
Ganz nah wird er den Sternen des Lichtjahres sein.

Er kehrte zurück, sich aufs Neue
in der geliebten Erde Boliviens einzukuscheln,
Ort seiner unschuldigen Geburt.

Er liebte Bolivien, wie es war,
tanzte mit dem Herzen in der Hand
bis er in uralter Ekstase davonflog.

Huayra, der Morgenstern, kehrte zurück,
um als Kondor wiedergeboren zu werden,
so wird er zu den Wegen ewigen Schnees fliegen.

Und aufs Neue mit den Berggöttern spielen,
bis der seine Haare löst,
lang und glänzend,
seine weibliche Gestalt verwirrte ihn,
als wäre er Ñusta, Prinzessin der Anden.

Huayra war ehrlich, freimütig und kritisch,
sein triftiger Widerspruch
zur bolivianischen Gemeinschaft in Berlin
brachte ihm muyo muyo -Kopfschmerzen ein.

Wegen seiner Meinung fuhr er oft
allein und traurig zurück,
mit dem letzten Zug nach Potsdam,
wo seine Quechua-Familie lebte.

Huayra ging für immer,
um das Klagen des Windes zu hören.
Er wird von uns erzählen und mit TIO anstoßen,
dem Gott der Minen
in dem reichen Berg von Potosi.

Er war der erste von uns,
den Zauber der Seele der Anden zu tanzen -
ohne Wiederkehr nach Berlin.

Huayra, der Morgenstern,
wird jubelnd das Bankett des Vergnügens und der Orgien
des allerexotischsten Lebens vorbereiten,
für unsere Ankunft
in gemeinsamer Zeremonie
mit den lebendigen Geistern der Berge.

Es gibt nicht Zeit noch Ort,
wann einer ins Vaterland zurückkehrt.
Huayra tanzt nach dem Klang von TINKU,
wirft erneut das lange, gelöste, glänzende Haar,
bis er sich sternenhaft begibt,
zum Karneval der Kulturen von Berlin.

SUEÑO SOÑADO

Ensoñé tanto mi ensueño
que vivo en mi mundo de sueños.

Soñando mis despiertos desensueños,
Reventaron mis delírios.

Ensoñándote ensueño tu dulce sueño.
Soñé mi ensueño a tu lado,

¡Y se deshilaron mis sueños soñados!

GETRÄUMTER TRAUM

Ich träumte so sehr meinen Tagtraum,
dass ich in der Welt meiner Träume lebe.

Während ich meine Wachträume entträumte,
zerbarsten meine Liebesträume.

Ich erträume dir im Traum deinen süßen Traum,
ich träumte meinen Tagtraum an deiner Seite.

Und es zerfasern sich meine geträumten Träume!

ALEGRE CAYÓ

En un bote de goma amarillo,
arrastrado por un viejo motor,

saltaban contentos siete aventureros,
el aventurero que más alto saltaba,
de tanto saltar cayó al océano.

El marinero enamorado no se dio cuenta
de la caída del alegre aventurero.

Que nadaba desesperado gritando despavorido,
¡Auxilio, auxilio! Sin ninguna esperanza de rescate.

FRÖHLICHER FALL

In einem gelben Gummiboot,
angetrieben von einem alten Motor,

hüpften zufrieden sieben Abenteurer.
Der am höchsten springende Abenteurer
fiel von so viel Hüpfen ins Meer.

Der verlieebte Seemann bemerkte nichts
vom Sturz des fröhlichen Abenteurers,

der schwamm verzweifelt und schrie entsetzt
Hilfe! Hilfe! Ohne jede Hoffnung auf Rettung.

GIRA AL SOL

La belleza del girasol,
en el jardín del paraíso.

No es la belleza cuando gira al sol,
no son los pétalos grandes amarillos,
ni su néctar gustoso para las mariposas.

El girasol tiene una belleza oculta,
esta inexplicable belleza
la advertí, triste, penosa, contenta.

Cuando el girasol se va marchitando,
sus hermosos pétalos caen poco a poco.
sus semillas se derraman en diferentes ritmos.

Admirada entre sus hojas grandes, pensaba...
¡La perfección del haber nacido!
¿Hace la belleza del morir?

Las costras de nuestra piel,
También caen poco a poco.

La simbiosis con mi girasol,
está en revivir cada día al sol,
El paso del tiempo en cualquier jardín,
quema, quema...
La belleza de los ojos del alma
cuando giramos como girasoles alrededor del sol.

ZUR SONNE WENDEN

Die Schönheit der Sonnenblume
im Garten zum Paradies.

Es ist nicht die Schönheit, wenn sie sich zur Sonne wendet.
Es sind nicht die großen gelben Blütenblätter
noch ihr Nektar, köstlich für die Schmetterlinge.

Die Sonnenblume hat eine verborgene Schönheit.
Diese unerklärliche Schönheit ist mahnend,
traurig, schmerzlich, genügsam.

Wenn die Sonnenblume verblüht,
fallen ihre schönen Blütenblätter nach und nach.
Ihre Samen zerstreuen sich nach verschiedenen Rhythmen.

Zwischen ihren großen Blättern denke ich bewundernd...
Welche Perfektion, geboren zu sein!
Verwirklicht sich die Schönheit aus dem Sterben?

Auch der Schorf unserer Haut
fällt nach und nach.

Die Symbiose mit meiner Sonnenblume,
ist das tägliche Wiedererleben der Sonne.
Das Vergehen der Zeit in jedem Garten
schmerzt, brennt...
Die Schönheit der Augen der Seele,
wenn wir uns wie die Sonnenblumen zur Sonne wenden.

Mitología

Quietut

NÉCTAR

Una mariposa azul,
dio néctar a mi sangre.

Me conquistó de azul.
Salí agarrada de sus alas.
Entré al jardín azul de sus deseos.

Un día celeste rodé de la montaña más alta.
Montaña azulada, violeta, rosa.
Desangrándome por llegar a sus aleteos.

Al no encontrarle en el jardín,
lloré sentada en aquella desolada piedra lazulí,
que también esperaba su néctar azul.

NEKTAR

Ein blauer Schmetterling
gab meinem Blut Nektar.

Ich wurde vom Blau besiegt.
Ich hielt mich an seinen Flügeln fest,
und betrat den blauen Garten seines Begehrens.

An einem himmelblauen Tag wälze ich mich vom höchsten Berg,
den bläulichen, violetten, rosa Berg,
und verblute, um mich seinem Flügelschlag zu nähern.

Doch da ich ihn nicht im Garten fand ,
weinte ich, sitzend auf dem trostlosen Lapislazuli-Stein,
der mich auch auf blauen Nektar hatte hoffen lassen.

REALIDAD PUNZANTE

Es un decir
te doy mi vida por tu amor.

Cuando la muerte me llame
ni tu vida, ni tu amor
me dará vida.

STECHENDE REALITÄT

Man sagt
ich gebe dir mein Leben für deine Liebe.

Wenn der Tod mich ruft,
werden weder dein Leben noch deine Liebe
mir das Leben geben.

SIN LLAVES

No sé si identificarme,
como tu ama de llaves,
o como tu ama de casa.

Solo sé que a tu lado,
me hace falta tomar sol,
caminar entre los árboles.

Y desde las montañas mirar el mar.
Y por la noche escribir los secretos
de tu entrega sin llaves.

OHNE SCHLÜSSEL

Ich weiß nicht,
ob ich mich als deine Concierge
oder deine Hausherrin fühlen soll.

Ich weiß nur, dass mir an deiner Seite
die Sonne fehlt
das Spazieren unter Bäumen,

und von den Bergen der Blick aufs Meer
und in der Nacht die Geheimnisse
deiner schlüssellosen Hingabe zu schreiben.

MI CERO ES SINCERO

Es mísero el miserable,
muchos no quieren ser miserables,
en su vida mísera.

Míseria pertenece a los pobres.
¡Maldita miseria!
Que enriquece a los miserables.

MEIN NICHTS IST WAHRHAFTIG

Elend ist der Elende.
In seinem elenden Leben
möchte niemand elend sein.

Das Elend verharrt bei den Armen.
Verfluchtes Elend,
wie du dich an den Elenden bereicherst!

INTOXICACIÓN

La simpática mamá Pájaro,
llevó a sus pichoncitos,
comida escogida por su paladar.

Todos los pichones simpáticos,
esperaban con el pico abierto,
entonando su grito hambriento.

La Madre en cada pico abierto,
dejaba el manjar de sus comidas.

Una vez la mamá Pájaro,
se engañó con la delicatese,
¡La comida moderna!
Era un gusano de plástico y felpa,
que parecía a los ojos,
un gusano apetitoso y sabroso.

Su pichón atragantado,
respiraba ronco y con dificultad.

La madre desesperada,
sacó del pico de su pichónete,
ese gusano maldito,
que atragantaba a su pichóncito.

Sacó el gusano falso, con dificultad,
y confundida lo botó fuera del nido.

Acarició tiernamente con su pico,
a su pichoncito de ojos rojos y grandes,
casi intoxicados.

VERGIFTUNG

Die sympathische Vogelmutter
brachte ihren Küken
von ihrem Gaumen ausgewähltes Essen.

All die niedlichen Küken
warteten mit offenen Schnäbeln,
hungrige Schreie ausstoßend.

Die Mutter steckte die Leckerbissen
in jeden aufgesperrten Schnabel.

Einmal irrte die Vogelmutter
bei den Delikatessen.
Das moderne Essen!
Es war aus Plastik und Plüsch,
das dem Auge erschien
wie ein appetitlicher leckerer Wurm.

Das Vögelchen, das sich verschluckt hatte,
atmete schwer und rau.

Die verzweifelte Mutter
holte den verflixten Wurm
aus dem Schnabel ihres Küken,
das er so gepeinigt hatte.

Mit Mühe ergriff sie den falschen Wurm
und warf ihn bestürzt aus dem Nest.

Mit dem Schnabel streichelte sie sanft
ihr beinahe ersticktes Küken
mit den großen und roten Augen.

DESAHOGO

Tengo todavía la tibieza de tus semillas,
mezclados de arena y sal.

Después de nuestro desahogo profundo,
nuestras raíces lamían la vida.

Gota a gota terminé de acariciar
tus convulsiones de arena mojada.

BEFRIEDIGUNG

Ich fühle noch deinen lauen Samen,
vermischt mit Sand und Salz.

Nach unserer tiefen Befriedigung
beleckten unsere Wurzeln das Leben.

Tropfen für Tropfen hörte ich auf,
deine Erschütterungen aus nassem Sand zu streicheln.

¿QUÉ ERES?

¿Eres océano o río?
¿Eres de verdad gente o espíritu?
¿sabes a quién amas?
¿sabes de quién estamos contaminados?

En una estrella hay un hueco,
¿eres feliz en el infinito?

WER BIST DU?

Bist du Meer oder Fluss?
Bist du wirklich Mensch oder Geist?
Weißt du, wen du liebst?
Weißt du, von wem wir verseucht sind?

In einem Stern gibt es ein Loch.
Bist du glücklich in der Unendlichkeit?

REVERENDO WALYKI

Mi entrañable hermano
es como el sauce llorón,
alto, esbelto, eterno...
Un golpe helado y terrestre
agachó al poniente sol sangriento en su vientre.

Y en sus venas de eterno enamorado,
sucumbieron el ardiente rocío
de su alma herida.

Tú besaste los labios de las Vírgenes prohibidas.
Hermano entrañable,
no estabas diseñado
para amar y probar el sabor a miel.

Serás juzgado por la hipocresía de la túnica.
En tu memoria danzarán los diablos
de la fraternidad humana.
Y te reverenciarán por ser un hombre como todos
siendo un elegido de Dios.

Papahíto eterno ...
Mi hermano entrañable
es como el sauce llorón.
Se va encorvando hacia adelante,
como agradeciendo al ser más insignificante,
que pasa por su lado.
lleno de amor y bondad.

Sus cabellos lanceolados y grises
cubren su tronco apasionado por la vida.

El sauce llorón
encallecido por el tiempo,
se agacha hacia adelante
llora recordando a sus Vírgenes lloronas,
y regala el verbo del elixir espiritual.

REVEREND WALYKI

Mein Herzensbruder
ist wie die Trauerweide,
groß, schlank. ewig...
Ein eisiger erdiger Schlag beugte sie
nach Westen, die blutende Sonne im Leib.

In seinen ewig verliebten Venen
erlag der brennende Tau
seiner verwundeten Seele.
Du küsstest die Lippen der verbotenen Jungfrauen.

Herzensbruder
du warst nicht entworfen,
um zu lieben und den Geschmack
des Honigs zu kosten.

Du wirst beurteilt nach der
Scheinheiligkeit des Priestergewands.
In deiner Erinnerung werden die Teufel
der menschlichen Brüderlichkeit tanzen.
Und sie werden dich dafür verehren,
Mensch wie alle zu sein,
als Auserwählter Gottes.

Gütiger Vater ...
Mein Herzensbruder
ist wie die Trauerweide.
Er verbeugt sich,
selbst für die belanglosesten Wesen,
die an ihm vorübergehen,
voll der Liebe und Güte
für das, was neben ihm geschieht.

Die spitzen grauen Haare
bedecken den Rumpf.

Die Trauerweide
gezeichnet von der Zeit,
beugt sich vorwärts
und weint in Erinnerung an
ihre weinenden Jungfrauen,
und dem Geschenk des Verbs
als geistiges Elixier

CONTRA MAREA

Tengo miedo de nadar,
contra el murmullo inquieto del mar.

Marearme en la palpitación herida de la marea,
es ansia de mis ríos desvelados.

Y en un abrupto movimiento de olas,
tocar el infinito oscuro jadeante de espuma.

Y de gozo reír con los Espíritus sin océano,
hasta reflejarme en los ojos del poniente,

Que me esperan pacientes con remo y barca,
en la orilla desesperada del mar,
en el último suspiro del Tsunami,
la marea ahogante.

GEGEN DIE GEZEITEN

Ich habe Angst,
gegen das rastlose Rauschen des Meeres zu schwimmen.

seekrank zu werden, vom wunden Herzschlag bei Ebbe und Flut,
der Sehnsucht ist meiner schlaflosen Flüsse.

Und mit einer heftigen Bewegung der Wellen
greift das unendliche Dunkel hechelnd aus dem Schaum.

Und genießend lache ich mit den Geistern ohne Ozean,
bis ich mich im Auge des Sonnenuntergangs spiegele,

denn es warten auf mich
geduldig mit Ruder und Boot
am verzweifelten Ufer des Meeres,
der letzte Atemzug des Tsunamis,
die ertrinkenden Gezeiten.

Desde el Jugo sagrado

LA REGLA

Mi Abuelo me regaló una regla.
Yo nací por las irregularidades de la luna,
contra la regla, nací mujer.

Mientras haya reglas habrá más abusos.
Ahora cuando entiendo el juego serio de las reglas
me adentro en la medula de la vida,
y bebo en su savia la decadencia globalizada.

DIE REGEL

Mein Großvater schenkte mir eine Weisheit.
Ich wurde wegen der Unregelmäßigkeiten des Mondes
und gegen die Regel, als Frau geboren.

Wo es Normen gibt, sind auch Verstöße.
Jetzt, da ich das ernste Spiel der Regeln verstehe,
tauche ich in den Kern des Lebens ein
und trinke mit seinem Saft die globalisierte Dekadenz.

ENTREVISTA

Mis pobres nervios,
se rompen como cristales,
en mis venas mestizas.

Mis pobres nervios,
azotan mi caliente cuerpo.
En defensa del sosiego,
y mis nervios me hacen víctima del sistema.
sumida al sinsentido,
barro en siembra me vuelvo.

Mis nerviudos nervios tienen una nueva entrevista.
¿Explicar siempre todo lo que aprendí,
y sobre todo lo buena que soy?

Mis nervios requieren un natural pegamento,
¿Dónde comprarlo?
¿Quién fabrica remedios contra nervaduras sanas?
Cauterizar mi corazón?
Volcar la Santa Cruz en medio,
¿Para agachar la cabeza y pensar qué?

Hay ojos insensibles en el hastío del café.

¿Cómo decirle a mis existenciales relámpagos,
que el nervio del placer en mi cuello se ahoga?
Y me ama temblando también de nervios,
no lo niego, soy el desfiladero de mis nervios rotos.

Allí... lejos... en el Andino crepúsculo,
lloran mis ayunos de trigo sin protestar.

BEGEGNUNG

Meine armen Nerven,
brechen wie Glas
in meinen Mestizenvenen.

Meine armen Nerven
geißeln meinen warmen Körper,
in Verteidigung der Gelassenheit.
Und meine Nerven machen mich zum Opfer des Systems.
Versunken im Unsinn,
im keimenden Lehm verwandle ich mich.

Meine nervösen Nerven haben eine neue Begegnung.
Muss ich immer alles erklären, was ich lernte,
und vor allem, wie gut ich bin?

Meine Nerven brauchen einen natürlichen Leim.
Wo ihn kaufen?
Wer stellt die Mittel
für gesunde Nerven her?
Vernarbt mein Herz?
Das Heilige Kreuz in der Mitte kippen,
um den Kopf zu senken und zu denken, was?

Es gibt gefühllose Augen im Überdruss des Cafés.

Wie meinem existenziellen Blitz erklären,
dass der Genussnerv mir im Hals erstickt.
Und mich liebt, auch bebend vor Nervosität,
ich leugne nicht,
ich bin der Laufsteg meiner zerrissenen Nerven.

Dort..., weit...., in der Abenddämmerung der Anden,
weint ohne Aufbegehren mein Hunger nach Getreide.

UN CUARTO PARA LOS DOS

El despertador suena a las seis en punto
desayunamos callados a las seis y media,
en el día se funden las páginas y los puntos.
Seguidos de las comas de los Jefes
en medio de los cuartos menguantes.

En el transcurso de la tarde
desde cualquier punto de la Ciudad
los puntos apartes y los puntos seguidos
nos quieren comer las horas.

Al acostarnos a las dos en punto
somos un punto oscuro de la noche,

El reloj desgastado marca
la hora que a mí me gusta.
Un cuarto para los dos
casados y cansados.

EIN ZIMMER FÜR ZWEI

Der Wecker klingelt punkt sechs
Wir frühstücken stumm um halb sieben.
Am Tag zerrinnen die Striche und Punkte,
gefolgt von den Kommas der Chefs
bei abnehmendem Mond.

Im Laufe des Nachmittags,
an jedem Punkt der Stadt,
wollen uns die getrennten und die Doppelpunkte
die Stunden aufzehren.

Punkt Zwei gehen wir zu Bett,
sind ein dunkler Punkt in der Nacht.

Eine abgenutzte Uhr schlägt
die Stunde, die mir gefällt.
Ein Raum für zwei,
verheiratet und verdrossen.

OJOS DEL MUNDO

Al ir apresurada a mi encuentro,
Advertí un profundo mirar,
eran ojos oscuros de oliva negra.

Ojos que me asaltaron de sorpresa.
Me pareció conocer su historia,

Me sentí abrazada en un relámpago de fuego,
¡Qué incitante mirada!
En esta simple parada del bus Schwartzkopffstrasse
me sentí acogida por estos ojos de carbón,
cómo me cautivaron estos ojos de milagro,
A mantener mi mirada en lo cotidiano

¿Qué espera eterna en los ojos del mundo?

Cuando llegó el bus
nuestros destinos no coincidían su fuego.
Nuestros ojos de sol.
Se hirieron sin regreso.

AUGEN DER WELT

Als ich gehetzt zu meinem Treffen eilte,
da traf mich ein tiefer Blick.
Es waren dunkle Augen wie schwarze Oliven,

Augen, die mich überraschend bestürmten.
Ich schien ihre Geschichte zu kennen.

Ich fühlte mich umarmt von einem Feuerblitz,
welch verführerischer Blick,
an dieser schlichten Bushaltestelle Schwartzkopfstraße
wurde ich von diesen Kohleaugen eingenommen.
Wie mich diese Wunderaugen verzauberten,
meinen Blick im Alltag anzuhalten.

Welch ewige Erwartung in den Augen der Welt?

Wann ist der Bus gekommen?
Unsere Schicksale kreuzten nicht ihr Feuer.
Unsere Augen aus Sonne,
verletzten sich ohne ein Zurück.

SIN OLVIDO

Me pediste un poema,
de amor imposible,
y me di cuenta que desde ese momento
te amaba para no olvidarte.

UNVERGESSEN

Du batest mich um ein Gedicht
über die Unmöglichkeit der Liebe.
Und ich bemerkte, dass ich dich von da an liebte,
um dich niemals zu vergessen.

HORA MARCADA

Te esperaba
cada vez que se abría la puerta,
miraba pensando que tú eras.
Abrazarte, besarte y desaparecer.
En tus abrazos.
Era mi hora deseada.

Todo ruido,
Me acordaban tus pasos parsimoniosos.
Llegó la oscuridad, se abría la puerta,
y tú no llegaste al encuentro.
De la hora marcada.

ZUR FESTGESETZTEN STUNDE

Ich erwartete Dich
bei jedem Öffnen der Tür schaute ich auf
und dachte, dass du es wärest.
Dich zu umarmen, zu küssen
in deiner Umarmung vergehen,
zu gewünschter Stunde.

Alles war Lärm,
ich erinnerte mich an deine bedächtigen Schritte.
Die Dunkelheit erschien, als sich die Tür öffnete,
und du kamst nicht zu unserem Treffen
zur vereinbarten Stunde.

FASTIDIOSO RECUERDO

En tu memoria,
conservan mis oídos,
el chirrido molestoso, penetrante
del mosquito primaveral
que a ti también te pico.

VERDRIESSLICHE ERINNERUNG

Die Erinnerung an dich
Bleibt mir im Ohr
das störende, penetrante Sirren
der Frühlingsmücke,
die auch dich stach.

Dualidad Eterna

CHUÑOS NEGROS

Un puñado de chuños negros
en un pocillo de agua,
remojaba mi madre,
para preparar al día siguiente
chuño puti con maní
qué delicia para mi paladar!

¿Hay como comen esas piedritas negras?
Decía un desconocido,
con aire de gringo.

Los invitados al banquete,
sentían calores y placeres.
Un poco desacostumbrado para su status,
¿Si sólo eran un puñado de chuños negros?
Contestaban felices los vecinos orureños,
del barrio de la calle la Paz.

Es que este simple puñado de chuños negros,
tuvieron en su remojo nocturno,
un glorioso aire sensual de satisfacción.

Los más distinguidos sonreían sin comprender.
¡Qué remojo más sabroso de chuños negros!
Nos dimos en la Ordenación del Padre Natalio
con su sotana negra como el chuño.

SCHWARZE CHUÑOS[3]

Eine Handvoll schwarze Chuños
weichte meine Mutter
in einer Tonschüssel mit Wasser ein,
um am nächsten Tag
Chuño Puti mit Erdnüssen zu bereiten.
Welche Köstlichkeit für meinen Gaumen!

Wie kann man diese schwarzen Steinchen essen?
fragte ein Unbekannter,
ein Gringo dem Schein nach.

Die zum Bankett Geladenen,
obwohl ungewohnt für ihre Ansprüche,
fühlten Wärme und Genuss.
Das ist doch nur eine Handvoll schwarzer Chuños,
entgegneten glücklich Nachbarn aus Oruro
im Viertel an der Straße des Friedens.

Es war, als hätte diese einfache Handvoll schwarzer Chuños
während des nächtlichen Wässerns
herrliche sinnliche Zufriedenheit aufgesaugt.

Die Nobelsten lächelten, ohne zu wissen warum.
Welch köstlichste Brühe von schwarzen Chuños
nahmen wir bei der Weihe von Pater Natalio zu uns,
dessen Soutane schwarz war wie Chuños.

---

[3] Chuños: gefriergetrocknete (dadurch schwarz) Kartoffeln

POMPA DE JABÓN

La ilusión,
se mueve en una pompa
de jabón,

Es hermosa,
cuando está en el aire,
se mueve multicolor,
flota en lo imposible.
Y se eleva ... se eleva,

Hasta que llega la pompa,
toda ilusionada
a la punta de una rama,
de un árbol seco,
y sin compasión se revienta, se revienta.

SEIFENBLASE

Die Illusion
bewegt sich
in einer Seifenblase.

Schön ist,
wenn sie in der Luft schwebt ,
in vielen Farben schillert,
im Unmöglichen schwebt,
und treibt höher und höher.

Bis sie,
voller Freude,
die Astspitze
eines trockenen Baumes erreicht,
und ohne Bedauern zerplatzt, zerplatzt.

CANTANDO MEMORIAS

De niña,
miraba sorprendida,
el árbol de ciruela de mi Padre,
lleno de pájaros que comían alegres
sus frutos carnosos y jugosos.

El cantando contestaba las preguntas de los pájaros.

Cuando mi Papahíto en invierno murió.
El árbol frondoso de ciruela seguía más grande,
sólo de ramas secas, sin hojas ni frutos,

Los pájaros respondían igual cantando sus himnos
arrugando las poesías del tiempo.

Una brisa amable y eterna del espíritu de mi Papá,
se esparcía en el aire del jardín.

El espantapájaros silbaba y danzaba solitario con el viento.

GESANG DER ERINNERUNGEN

Als Kind
schaute ich erstaunt
auf den Pflaumenbaum meines Vaters
voller Vögel, die fröhlich
seine fleischigen saftigen Früchte aßen.

Singend antwortete er auf Fragen der Vögel.

Als mein Väterchen starb, im Winter,
war der dicht gewachsene Pflaumenbaum größer,
hatte nur trockene Äste, weder Blätter noch Früchte.

Die Vögel antworteten, wie immer ihre Hymnen singend,
fügten der Poesie der Zeit Runzeln zu.

Ein freundlicher ewiger Hauch vom Geist meines Vaters
verbreitete sich in der Luft des Gartens

Einsam pfiff und tanzte die Vogelscheuche im Wind.

UNA LLAMA EN ALEMANIA

Paseando exóticamente,
por la calle principal de Colonia,
queriendo ver algo extraordinario.

Fue tan, tan grande mi sorpresa.
Que encontré una viva Llama,
hincada bajo un árbol seco,
estaba una Llama de color de la tierra,
era la atracción del Circo Berolina.

Me flechó como imán su ojosa mirada.
Me aproximé haciendo espacio entre la gente,
nos miramos con boca abierta por un eterno momento,
le hice reverencia, me hizo reverencia,
batió la cabeza,
salió de su interior,
un escape de brrrrrr con muchas preguntas y gemidos.

Le acaricié la cabeza,
del cuello esbelto, me abracé,
se dejó como si fuera el Bobi, perro de mamá.
olía muy pronunciado el perfume Chanel de Oruro.

Esta princesa del Ande,
me olisqueaba como reconociéndome,
metía más aire en sus narices,
suspirando creo por La Llajta.
Lloré abrazada de su lana de mi infancia.

Ella suspiraba,
metiendo más aire a su corazón de montaña.

Y me di cuenta que una verdadera Llama,
llama desde cualquier punto del mundo,
se atraen entre Llamas,
y llama a otra Llama para consolarse.

EIN LAMA IN DEUTSCHLAND

Beim exotischen Spazieren
durch die Hauptstraße von Köln
wollte ich etwas Besonderes sehen.

Sehr, sehr groß war meine Überraschung,
als ich auf ein lebendiges Lama traf,
das unter einem trockenen Baum kniete.
Es war ein Lama in den Farben der Erde
und die Attraktion des Zirkus Berolina.

Sein großäugiger Blick zog mich an wie ein Magnet.
Ich näherte mich ihm und drängte mich durch die Menge.
Wir betrachteten uns mit offenem Mund für einen ewigen
Moment,
es verbeugte sich vor mir, ich verbeugte mich vor ihm,
es schüttelte den Kopf
und zog sich in sein Inneres zurück,
eine Flucht unter brrrr und mit vielen Fragen und Stöhnen.

Ich streichelte ihm den Kopf,
umarmte seinen schlanken Hals.
Es schien, als wäre es Bobi, der Hund von Mama.
Ich roch sehr stark das Parfüm Chanel von Oruro.

Diese Prinzessin der Anden
beschnupperte mich, als erkenne sie mich wieder,
zog mehr Luft in die Nase,
seufzend, wohl aus Heimweh nach la Llajta[4].

Ich weinte, umarmt von der Wolle meiner Kindheit,
Sie seufzte,
atmete mehr Luft in ihr Herz der Berge.

Und ich verstand, dass ein echtes Lama, das ruft,
von jedem Punkt der Erde
andere Lamas anzieht,
und ein Lama andere Lamas ruft, um Trost zu finden.

---

[4] Llajta: Heimat (quechua)

CON QUE MOTIVO

Caí como mosquita inocente,
en los brebajes de leche caliente,
que con doble sentido preparaste.

Tú con la cara de mosca muerta,
la siempre buena y bondadosa.
Me removiste a tu antojo,
hasta ahogarme con la miel.

Y soltaste de alegría y felicidad,
la carcajada de tus intenciones.
Por suerte no me bebiste.

Desperté nauseabunda,
en el desecho del alcantarillado.
Mi patita izquierda quebrada,
mi cabecita rota y desangrada,
mis dientecitos también partidos.

Mis antenas estaban perfectas,
¿Uno nace para morir removida?
¡Qué gloria! Me salvé otra vez.

Aún respiro el sosiego corto del aire.

AUS WELCHEM GRUND

Ich fiel wie eine unschuldige Fliege
in das Brodeln der kochenden Milch,
die du mit doppeltem Sinn vorbereitet hattest.

Du mit dem Gesicht der toten Fliege,
die immer gut und großzügig ist,
bewegtest mich nach deiner Lust,
bis ich in Honig ertrank.

Und lässt vor Freude und Glück
mit Absicht dein Lachen los.
Zum Glück trankest du mich nicht.

Ich erwachte mit Übelkeit
in den Resten der Abwässer.
Mein linkes Pfötchen gebrochen,
mein Köpfchen kaputt und ausgeblutet,
meine Zähnchen gespalten.

Meine Antennen waren vollkommen.
Wird einer geboren, um verwirrt zu sterben?
Welche Herrlichkeit! Wieder einmal bin ich gerettet.

Noch atme ich die vergängliche Gelassenheit der Luft.

BENDITA ESTRELLA

Distraída en huida a los escombros,
me encontré con una estrella.
Mutilada, caída de la mañana.

Me abracé a ella,
tocando mi parte desconocida,
saqué el instinto animal.
Y me iluminé de fantasías celestiales.

Escombros de vapores inefables,
noche bendita del alba,
deja que esta estrella fugitiva
sea la vía láctea de mis desmedros.

GEWEIHTER STERN

Zerstreut, auf der Flucht vor den Trümmern
traf ich einen Stern,
verstümmelt, fiel er am Morgen.

Und ich umarmte ihn.
Er nahm den mir unbewussten Teil,
weckte den animalischen Instinkt,
und mich erleuchteten himmlische Phantasien.

Trümmer aus unsagbaren Dämpfen.
Geweihte Nacht der Morgenröte,
mach, dass dieser flüchtige Stern
die Milchstraße meines Verfalls sei.

DESEADA FRUTA

Este amor de naranjas.
Me tiene loca de amor.

Yo sé lo que tengo
para tus maduros mangos,
pero tú no adviertes,
el misterio de mis tunas exóticas.

Qué ocurrencia de pensar solo en ti,
cuando no sé lo que tú tienes
para mis manzanas rojas.

BEGEHRTE FRUCHT

Diese Liebe zu den Orangen
macht mich toll.

Ich weiß, was ich
für deine reifen Mangos übrig habe,
aber du bemerkst das Mysterium
meiner exotischen Kaktusfeige nicht.

Welcher Einfall, nur an dich zu denken,
wenn ich nicht weiß,
was du für meine roten Äpfel fühlst.

MAQUILLAJE

Equivocadamente,
la del apagón de luz,
utilicé el maquillaje del día,
pensando que era la crema de noche.

Me sentí embellecida,
me gustó la tersura de mi rostro,
y pensé? ¡Qué excelente esta marca!
Me fui con la almohada de plumas
Al sueño profundo.

Sorpresa bonita, regocijante,
soné ser completamente feliz,
estaba rodeada de mis más adorables amigos,
algunos habían revivido,
otros habían hecho una dieta rigorosa,
se veían muy elegantes.

¿Era la fiesta de mi nueva boda?
Llena de encajes, flores, inciensos del amor.
Me sentía dichosa como una diosa en mi traje rosa,
sin pestañear contemplaba,
al hombre de mis sueños,
¡Qué hombre!
Los demás eran un chiste
era serio y divino.
Era prudente, cultivado, poderoso,
amoroso, amoroso como un oso.

Al día siguiente,
la almohada de plumas blancas.
estaban cafés de brillos,
¡Qué desaliento, desagrado y descorazonado!

La magia de la crema de noche,
era el maquillaje de calle.
Mi rostro estaba más café oscuro,
y frente al espejo parecía
que tenía más arrugas que nunca.

Mi sueño describió la magia
de los productos de belleza,
una sonrisa se dibujó en mis labios
de lívido puro, con una incógnita
de sabor a torta cremosa.
Lo increíble hace lo creíble.

SCHMINKE

Fälschlicher Weise,
das Abendlicht ließ nach,
benutzte ich die Schminke des Tages
und hielt es für die Nachtcreme.

Ich fand mich verschönert,
mir gefiel mein glattes Gesicht.
Was ich dachte? Welch exzellente Marke!
Ich fiel auf mein Federkissen
in tiefen Schlaf.

Schöne, erfreuliche Überraschung,
ich träumte, komplett glücklich zu sein.
Ich war umringt von meinen bewundernswertesten Freunden,
einige waren aufgelebt,
andere hatten eine strikte Diät gemacht.
Sie erschienen sehr elegant.

War es mein neues Hochzeitsfest?
Alles voller Spitzen, Blumen, Räucherstäbchen der Liebe.
Ich fühlte mich wie eine Göttin in meinem rosa Kleid.
Ohne zu blinzeln betrachtete ich
den Mann meiner Träume. Was für ein Mann!
Die Übrigen waren ein Witz, ernsthaft und göttlich
war er, besonnen, kultiviert, machtvoll,
liebevoll, liebevoll wie ein Teddybär.

Am nächsten Tag
hatte das Kissen aus weißen Federn
einen braunen Glanz.
Welch Missmut, Unlust, Entmutigung!

Der Zauber der Nachtcreme
lag in der Schminke des Tages.
Mein Gesicht war dunkler,
und vor dem Spiegel schien es mir,
ich hätte mehr Falten als jemals zuvor.

Mein Traum beschrieb
die Magie der Schönheitsprodukte.
Ein Lächeln kam auf meine Lippen
von der reinen Blässe einer Unerkannten,
vom Geschmack nach Cremetorten
das Unglaubliche wird wahrscheinlich.

Sintiendo pasar el tiempo

ESCAPE

Oí a la nada,
sin decir nada,
pensar nada, de nada.

Hacer nada
!Qué huída acaramelada a la nada!

FLUCHT

Ich höre das Nichts,
nicht sprechen,
von nichts, nicht denken...

Nichts tun
Welch süße Flucht ins Nichts!

Nachgedichtet: J. Polinske

219

DULCINEANDO

Tu me escogiste en mis sueños,
Don Quijote
entre la multitud de las mieles.

Me hiciste sentir bella, hermosa, única,
me amaste hasta vaciar mi alma en tu boca,
Ay...cómo mi piel vibraba al sentirte en chorros inmaculados.

Ceñí tu huella errante al gozo de mi vientre sediento,
Así... en sudores de placeres,
nos escapábamos de la nauseabunda realidad.

Don Quijote sin mancha alguna,
me amó sin batalla ni sometimiento.

Sus fantasías me enfrentaron contra el miedo,
sus sueños me dieron luz de belleza a mis sentidos,
por sus locuras fui la contorsionista en lo imposible.

Este hombre flaco, esbelto de siglos perdidos,
me declaró su Dulcinea del Toboso.

Dulce en Tierra de esclavos modernos.
mapa bombardeado por la injusticia del hambre.

!Don Quijote me convirtió en la Diosa de este Paraíso Terrenal!.

Ahora dibujando los poros de la libertad,
iré creando un Mundo Nuevo de sueños y fantasías.

DULCINEANDO

Du wähltest mich,
Don Quijote,
in meinen Träumen aus der süßen Menge.

Durch dich fühlte ich schön, wunderbar, einzig.
Du liebtest mich, bis meine Seele sich in deinen Mund ergoss.
Ach, wie meine Haut bebte, als ich deinen reinen Strahl empfand.

Ich umschlang deine unstete Spur zur Freude meines dürstenden
Leibes
und so...im Schweiß der Lust
entkamen wir der miserablen Wirklichkeit.

Don Quijote, makellos,
liebte mich ohne Kampf noch Unterwerfung.
Seine Fantasien wappneten mich gegen die Angst,
seine Träume gaben mir das Licht der Schönheit für meine Sinne,
durch seine Narrheit wurde ich zur Schlangenfrau des Unmöglichen.

Dieser schlanke aufrechte noble Mann aus verlorenen Zeiten
erklärte mich zu seiner Dulcinea von Toboso.

Die Herrlichkeit der Erde, voll moderner Sklaven,
eine Landkarte, zerbombt von der Ungerechtigkeit des Hungers.

Don Quijote verwandelte mich in die Göttin dieses Irdischen
Paradieses!.

Nun zeichne ich die Poren der Freiheit.
Ich werde eine neue Welt der Träume und der Fantasie schaffen.

PEZÓN TEMBLOROSO

Azucena del cielo bombardeado escapo
de la ráfaga del poder a bala.

Se exilió en Francia,
no sabía que esé país suntuoso,
era la capital del mundo
pero más rico, potentoso y glamoroso que el suyo.

Sin trabajo, techo ni abrigo.
Valoró y gustó el calor humano,
de su nueva obligada residencia.

Azucena nunca pintó, cantó ni bailó.
Solo participó de asambleas socialistas.

En Paris vende cajas de madera antiguas,
y las pinta de fantasías huidas.

Las cajas preciosas de sorpresas,
guardan los secretos del que las compra.

Azucena canta en las noches,
a sus amores asesinados, perdidos y amados.

Azucena baila los fines de semana,
sin ninguna competencia.

Baila eróticamente para los hombres,
que admiran su belleza,
hombres que pagan,
por sus deseos no consumidos.

Azucena era una bala suelta.
En otro país, de olores, sabores, colores,
diferentes, y confidentes.

Azucena vivió contra la corriente.
Lleva en sus años las cajitas cerradas
de sus mil noches maravillosas,
y sus habilidades que le devolvieron la vida.

ERREGTER BUSEN

Azucena, dein Himmel zerbombt,
floh vor dem Geschützfeuer der Macht.

Sie ging ins Exil nach Frankreich,
ohne zu wissen, dass dies ein kostspieliges Land war,
die Hauptstadt der Welt
reicher, mächtiger und glamoröser als ihres.

Ohne Arbeit, Dach noch Kleidung
schätzte sie die menschliche Wärme
ihres neuen erzwungenen Wohnorts.

Azucena hatte niemals gemalt, gesungen noch getanzt,
sie nahm nur an sozialistischen Versammlungen teil.

In Paris verkauft sie Kästchen aus altem Holz,
die sie mit flüchtigen Phantasien bemalt.

Diese wunderbaren Überraschungskästchen
behüten die Geheimnisse der Käufer.

Azucena singt in den Nächten
für ihre verlorenen ermordeten Lieben.

Azucena tanzt unvergleichlich
an den Wochenenden.

Sie tanzt erotisch für Männer,
die ihre Schönheit bewundern,
Männer, die für ihre
unerfüllten Wünsche bezahlen.

Azucena war eine verirrte Kugel,
in einem anderen Land,
mit fremden und vertrauten
Farben, Gerüchen, Geschmäcken.

Azucena lebte gegen den Strom
trägt mit den Jahren die geschlossenen Kästchen
ihrer tausend herrlichen Nächte
und ihrer Fähigkeiten, die ihr das Leben zurück gaben.

PLENITUD

Sola regresó la luna,
al mar de la noche.

Un tiburón plateado,
solitario retornó.

A llorar sus dolores en la orilla,
del plateado mar.

Bajo la magia plateada
de la luna nocturna.

FÜLLE

Allein kehrte der Mond zurück,
zum nächtlichen Meer.

Und ein silberner
einsamer Hai,

um seinen Schmerz am Strand
des silbernen Meeres zu beweinen.

Unter dem silbernen Zauber
des nächtlichen Mondes.

Entrañable abrazo

AÑORANZA

Después de varias estaciones idas,
me llamaste recuperando el tiempo perdido.

Te escuché con los ojos cerrados,
Para sentirte muy íntimo,
Ay...tu timbre de voz...
Tu voz de león recién despertado.

Me contaste con honda emoción,
qué encontraron insectos milerarios parecidos
con los mismos genes de tu Cultura Asiática,
y mi Cultura Aborígen.

Y por eso talvés,
no pudiste ni con el paso del tiempo olvidarme.

Porqué como insectos,
seríamos de la misma familia,
mi sentimiento impávido subleva tu amor de bambúes.

Conmovida por la despedida,
se quedó mi corazón exhausto,
con la herida de tu insistencia,
!Sin promesas, sin exigencias!
con vértigos y besos.

Me pareció después que mis pies y mis manos,
eran cada vez más grandes ...

Como si fuera el insignificante insecto,
que deseabas ver, sentir y amar.

SEHNSUCHT

Nach geraumer Weile riefst Du mich an,
um verlorene Zeit aufzuholen.

Ich hörte Dir mit geschlossenen Augen zu,
um bei mir zu sein,
deine Stimme zu hören,
die Stimme eines jüngst erwachten Löwen.

Bewegt erzähltest Du mir,
dass man einander ähnliche Insekten fand,
mit gleichen Genen deiner asiatischen
und meiner Ursprungskultur.

Vielleicht deshalb
konntest Du mich über die Zeit nicht vergessen.

Wie diese Insekten
gehören wir zur gleichen Familie.
Mein furchtloses Gefühl übersteigt
deine Liebe zum Bambus!

Ergriffen vom Abschied
verblieb mein Herz verletzt durch deine Beharrlichkeit.
Keine Versprechungen, keine Ansprüche!...
Nur Rausch und Küsse.

Danach schienen mir meine Hände und Füße
jedes Mal größer zu sein ...

Als wären sie Insekten,
begehrten zu sehen, zu fühlen, zu lieben.

COMO GAVIOTA

No pensaba nada,
mirando el infinito mar.

Una gaviota bajó del cielo,
en vuelo aireoso de gracia elegante.

Se sumergió en las olas del mar,
para encontrar sus peces preferidos.

Yo también me sentí gaviota,
volando desde mis adentros.
Atancando mi pez preferido.

Volando como una más de la bandada,
Abriendo el sendero alrededor del mar.

WIE EINE MÖWE

Als ich das Meer sah,
dachte ich an nichts.

Eine Möwe stieß vom Himmel hernieder,
elegant und graziös in luftigem Flug.

Sie tauchte in die Meereswellen,
nach ihrem bevorzugten Fisch.

Ich fühlte mich wie die Möwe,
flog innerlich,
schnappte nach meinen Lieblingsfisch,

flog wie andere aus der Bande
und öffnete den Weg zum Meer.

Testigos del bosque

231

SIN PALABRAS

Me perdí un día sin remedio,
sin saber cual era mi destino.

Partí en aquel barco de Curiosidad.

Salpicada por el agua,
mis palabras tenían sed,
Donde encontrar aquello que no rompa un poema?.

Y poder escribir la aventura de lo imposible?

!Qué divina melancolía!
encontré solo una palabra.

Colgada en una rama seca,
de hambre, sin voz y sin angustias.
!Era mi palabra! la que buscaba.

Y de ancestros la encontré solitaria,
Cómo describirla sin palabras?...Cómo?

OHNE WORTE

Ich verlor mich eines Tages rettungslos,
ohne ein Wort dafür zu kennen.

Legte ab mit dem Neugier-Schiff.

Bespritzt vom Wasser
litten meine Gefühle Durst.
Wo finde ich den, der Gedichte zerbricht,
die Abenteuer des Unmöglichen schreibt?

Schicksal, heilige Melancholie!
Find mir ein Wort.

Mein Wort, das ich gesucht hatte:
hing an einem trockenen Ast,
vor Hunger, ohne Stimme und ohne Furcht.

Ich fand das Wort bei meinen Ahnen,
Wie soll ichs beschreiben?..Wie?

Nachgedichtet: J. Polinske

CON QUE LUNA?

Antes de llegar a tí,
la luna menguante,
me perseguía muy cerca.

Cuando por fin llegué a tí,
la luna llena estaba,
frente a mi.

Al retornar a mi soledad,
!La luna desapareció!

Donde estas con la Luna nueva?

MIT WELCHEM MOND?

Als ich zu Dir ging,
verfolgte mich, sehr nah,
der abnehmende Mond.

Als ich endlich ankam,
stand der volle Mond
direkt vor mir.

Der Mond war verschwunden
als ich in meine Einsamkeit zurückkehrte.

Wo bist Du, mein Neumond?

Ciudad Dual

NECESIDAD

Roba,
al que roba,
de los demás.

No robes
del que no tiene,
del que no te debe,
del que se sacrifica.

Roba sin preámbulos,
ni ambiciones.

Roba lo que te pertenece,
No robes del ajeno.

Roba mi corazón,
pero no podrás mi esencia.

BEDÜRFTIG

Beraube den,
der von anderen
raubt.

Nicht den,
der nichts hat,
dir nichts schuldet,
sich aufopfert.

Raube ohne Vorrede
ohne Ehrgeiz.

Raube, was dir gebührt,
nicht, was dir fremd ist.

Raube mein Herz,
aber nicht mein Wesen.

Nachgedichtet: J. Polinske

AGUJEROS

Mi padre mientras,
reparaba mis zapatos agujeros,
decía a mis hermanos.

Acostúmbrense a los peligros,
de la muerte,
reparen a tiempo los desafíos rotos.

Así sus almas no gemirán de miedo.
por las frustraciones agujereadas de la vida.

LÖCHER

Mein Vater sagte meinen Brüdern
beim Reparieren ihrer löchigen Schuhe:

Gewöhnt euch
an die Gefahren des Todes,
nehmt zur rechten Zeit
abgebrochene Kämpfe wieder auf.

So werden eure Seelen nicht ängstlich wimmern
bei schäbigen Enttäuschungen des Lebens.

MILAGRO

Cuando despega el avión,
me sentía un àngel de la tierra,
en el cielo Gótico
de la pintura de Miguel Angel.

WUNDER

Als das Flugzeug abhob
fühlte ich mich wie ein irdischer Engel
im gotischen Himmel
eines Gemäldes von Michelangelo.

A GARCIA LORCA

Felizmente te conocí **Federico**
cuando a penas era polen de Girasoles
del jardin de mi Madre.

Tu encendiste en mí,
la antorcha de justicia y pasión,
para retratar con evidencia al ser amado,
Y gritar por las arrugas innecesarias del Mundo.

Tus versos inmortales,
salpicados de sangre, de tu alma delirante y adolorida,
adormecen todavía a los buitres que envenenan el Universo.

Así te conocí **Federico**, en los rojos ponientes,
cuando desvestíamos a los Santos del Socavón,
para prestarnos sus elegantes trajes de terciopelo.

Y poder escenificar tu obra mágica "YERMA".
médula femenina de lenguas de fuego,
mujeres que tiemblan por ser poseídas en vida.

Ellas cuestionan a las navajas afiladas en celo odioso,
ellas se desgranaban en crepúsculos sedientos de erotismo.
Rompiendo el tul quejumbroso de la infertilidad.

Desde aquella vez **Federico,**
todos los personajes femeninos de Yerma,
viven en mí gimiendo, ardiendo, sollozando...

Desgarrada por las carnes vergonzosas,
deseando resucitar néctares olvidados,
me prendí del movimiento sensual de las flores,
hasta borrarme en los prejuicios del diablo.

Así **Federico García Lorca,**
Interpreté el personaje difícil y real de tu obra teatral,
la loca del pueblo que miraba bajo el rabo,
o tal vez la cuerda que amaba la libertad.

!Pobre loca incomprendida por los rincones mezquinos.!

Para qué casarse? decía en su texto, la loca criticada,
si se hace lo mismo antes o después?,
para qué tanto prejuicio y condiciones sociales?.

Oh... **Federico inmortal**
de tu victoria semántica y sincera.

Aprendí a comprender lo que siento bajo mi piel.
Aprendí a ubicarme honesta y clara en la humanidad.
Aprendí a regocijarme del silencio de las palabras.
Hasta ser un ramo fresco de poesía.

FÜR GARCIA LORCA

Zum Glück, lernte ich dich kennen, **Federico**,
als ich Pollen von Sonnenblumen
im Garten meiner Mutter war.

Du hast in mir die Fackel
der Gerechtigkeit und Leidenschaft entzündet,
mit sicherer Hand den Geliebten gezeichnet,
mich über unnötige Falten der Welt schreien lassen.

Von deinen unsterblichen Versen,
befleckt mit fieberndem Blut deiner schmerzenden Seele,
erstarren die Geier, die uns das All vergiften.

Ich erkenne dich **Federico**, in der roten Abendsonne,
als wir die Heiligen von Socavón[5] entkleideten,
um uns ihre samtenen Trachten zu borgen,

erkenne, wie ich dein Werk „YERMA" inszenieren kann
den Kern aus weiblichen Feuerzungen,
Frauen, die zittern, vom Leben besessen sind,

die gehässigen Neid geschliffener Messer infrage stellen,
ihr Dämmern und den Durst nach Erotik enthüllen
Tüll wehleidender Unfruchtbarkeit zerreißen.

---

[5] Die Santos del Socavón sind Heilige, welche in Oruro,
Bolivien verehrt werden. Insbesondere die Bergarbeiter danken
ihnen und bitten um reiche Mineralvorkommen in den Minen.

Seither **Federico**,
leben alle Frauen aus „Yerma" in mir,
stöhnend, brennend, schluchzend.

Zerfetztes schamhaftes Fleisch,
im Begehren vergessenen Nektar aufzuerwecken,
entflammte ich mit sinnlich bewegten Blumen,
bis mich Vorurteile des Teufels ereilten

So Federico García Lorca,
habe ich dein schweres und lebendiges Theater interpretiert.
Die Verrückte des Dorfes, die den Schwanz einzieht,
die Kluge, die Freiheit liebt,

und die arme Verrückte, unverstanden von Allen...!

Wozu heiraten, sagte sie,
macht man nicht Gleiches davor und hernach?
Wozu Vorurteile und soziale Konventionen?

Oh... **unsterblicher Federico**,
deine Semantik und deine Wahrheit siegen.

Ich erlernte, was mir unter der Haut geschah,
fand meinen Platz unter den Menschen,
lernte, mich an der Stille der Worte zu erfreuen,
bis ich ein Strauß aus frischer Poesie war.

Übersetzung: Sophie Buss

TIMIDA MIRADA

Normalmente siempre,
habla, hablas, bla bla bla ...
!Hablabas!.

Solo cuando entendiste
que era de otro Continente,
con mi tímida mirada,
!Que milagro callas, callas...
Callabas!

SCHEUER BLICK

Unablässig, immer
du plapperst, quasselst
redest bla bla bla...

Als du begriffst,
dass mein scheuer Blick
von einem anderen Kontinent stammt
hast du geschwiegen, oh Wunder, geschwiegen ...
Schwiegst!

Nachgedichtet: J. Polinske